ISBN 979-11-91812-47-3
9 791191 812473 93310

EXCEL/R 실습

통계학의 이해

10판

Introduction to Statistics
Tenth Edition

연습문제 해답집

이용구 · 김삼용 · 곽일엽 지음

율곡출판사

차 례

Introduction to **Statistics** Solutions Contents

제1장 통계학의 개요

Introduction to **Statistics**, Solutions

01. 다음과 같은 경제통계를 산출하는 방법에 대해 조사하라.

해답 이 문제는 통계에 대한 개념을 이해하는 데 도움을 주고자 제시되었다.

(a) **기온** : 기온이란 '대기의 온도' 를 말한다. 보통은 공기의 온도라고 하지만 대기의 온도라는 표현이 더 정확하다. 측정하는 방법은 햇빛을 직접 받지 않도록 하여 대기 중에 노출시킨 온도계를 이용하는 것이다. 세계적으로는 지상 1.25~2.0m 높이의 기온을, 대한민국은 지상 1.5m 높이에서의 기온을 측정해 지상 기온으로 삼고 있다. 그 이유는 지표와 대기 사이의 거리에 따라 온도가 달라지기 때문인데, 하필 1.5m 높이인 이유는 그 정도의 높이가 사람이 생활하는 높이라서이다. 지상 기온은 보통 바람이 잘 통하는 넓은 잔디밭에 설치한 백엽상 속의 온도계로 측정한다. 기상청에서는 각 지역별 기온 정보를 제공하고 있다.

(b) **강수량** : 강수(降水, 영어 : Precipitation, meteoric water) 현상은 지구의 물 순환 중에서 수증기가 응축하여 땅에 내리는 모든 것을 뜻하는 기상학 용어이다. 비와 눈뿐만 아니라 우박 외에 일명 싸라기눈, 진눈깨비, 이슬도 강수량에 포함한다. 강수 현상으로 떨어진 모든 강수의 양을 합친 것을 강수량이라고 말한다. 또 강수 현상이 일정한 시간 동안 일어날 확률을 강수 확률이라고 한다. 기상청에서는 각 지역별 강수량 정보를 제공하고 있다.

(c) **일조시간** : 태양광선이 구름이나 안개 등에 차단되지 않고 지표면을 비친 시간으로, 국내 일일 평균 일조시간은 약 6h이며, 국내 평균 일일 태양광 발전시간은 약 3.6h이다. 동쪽이나 서쪽에 높은 산이 있어 해가 늦게 뜨거나 빨리 질 수 있듯이 지역별로 조금씩 차이가 있으며, 기상청에서는 각 지역별 일조시간 정보를 제공하고 있다.

(d) **열대야 일수** : 열대야(熱帶夜)는 여름에 18시 1분부터 다음 날 9시까지 최저기온이 25도 이상인 밤을 지칭하는 용어다. 기상청에서는 각 지역별 열대야 일수 정보를 제공하고 있다. 하지만 기상청의 과거 일 최고기온/최저기온 기록 표만 보고 열대야 일수를 산정하는 데에는 어려움이 있다.

예컨대 포항시의 2018년 5월 16일 18시~17일 9시 사이의 기온은 25도 이상을 유지했다는 점에서 개정된 열대야 기준을 충족하지만 저녁에 기온이 급락하며 하루 중 최저기온은 열대야에 한참 못 미치는 15.8도였다는 점에서 열대야가 없었던 것으로 혼동하기가 쉽고, 일 최고기온과 최저기온만 기록을 하는 기상청 특성상 정확히 몇 도의 열대야를 기록하였는지 알기 어렵다는 점이 있다.

02. 신문이나 잡지에 보도된 스포츠 통계를 조사하고, 그 의미를 설명하라.

해답 야구는 통계를 이용하는 대표적인 스포츠이다. 다음 통계는 우리나라 프로야구에서 1998년도 시즌의 7월 5일 현재 타격순위 5위까지 선수들의 자료이다.

· **타격순위**

순위	선수	타율	경기	타석	타수	안타	홈런	득점	타점	사사	삼진	실책
1	양준혁(삼)	.363	70	308	248	90	16	41	53	57	39	2
2	박정태(롯)	.342	63	267	228	78	5	37	46	32	23	6
3	이승엽(삼)	.341	70	313	273	93	25	60	67	36	55	3
4	김기태(쌍)	.340	61	266	215	73	14	41	53	50	33	4
5	쿨 바(현)	.335	65	270	242	81	16	40	56	26	61	4

위 자료에 의할 때 타율이 가장 높은 선수는 양준혁이나 안타 수, 홈런, 득점 및 타점 등에서는 이승엽이 더 우수함을 알 수 있다.

03. 일기예보에서 "전국적으로 미세먼지 농도가 '매우 나쁨' 수준을 보일 것이다"라는 말이 무엇을 의미하는지 설명하라.

해답 우리나라의 일기예보도 통계적으로 발표한다.

만약에 밤 9시의 뉴스에서 "내일 전국적으로 미세먼지 농도가 '매우 나쁨' 수준을 보일 것이다"라고 발표했다면, 이는 현재의 여러 가지 기상조건(바람의 방향, 속도, 구름의 양, 습도, …)을 고려할 때 과거 이와 동일한 조건하에서 그 다음 날 미세먼지 농도가 '매우 나쁨' 수준인 것을 의미한다.

04. 한 여론조사기관에서는 2022년 3월에 실시되는 대통령 선거에서의 각 후보별 예상 득표율을 조사하고자 한다. 조사기간은 2022년 3월 1일~3월 8일로 8일간으로 한정되어 있다고 한다.

힌트 선거 여론조사와 관련된 문제로 주관적인 응답을 유도하는 문제이다.

(a) 조사대상집단은 무엇인가?

해답 조사대상집단은 우리나라 유권자 모두이다.

(b) 4명의 후보(갑, 을, 병, 정)가 있다고 가정할 때 이 4명의 후보에 대한 지지율을 조사할 수 있는 설문지를 작성하라.

해답 성별, 연령, 출신지역, 소득수준 등 기본적인 인적사항을 조사한 후 "다음 후보 중 어느 후보가 대통령이 되는 것이 가장 바람직합니까?(누구를 찍겠습니까?라고 묻지 않는 것이 바람직함)" 를 묻는다.

(c) 조사기간을 고려할 때 가장 적절한 조사방법은 무엇인가? 이유를 설명하라.

해답 선거여론조사는 신속하게 실시해야 하므로 전화조사가 가장 바람직하다.

(d) 위 (c)에서 선택한 방법으로 실제 조사를 실시하는 과정을 설명하라.

해답 전국의 각 지역별 전화번호부를 확보한 후 각 지역별로 유권자의 수를 고려해 적절한 수의 표본을 할당한다. 각 지역별로 전화번호부에서 할당된 표본의 수만큼 전화번호를 랜덤하게 선택해 조사를 실시한다.

05. 통계청에서는 2021년도 우리나라 자동차사고 건수가 10,000건이었는데, 2022년도에는 50,000건이 발생했다고 발표했다.

힌트 이 문제는 두 경우의 비교와 관련해 생각해야 될 사항들을 제시한다.

(a) 이 발표에 의할 때 우리나라에서 자동차 운전이 2021년도보다 2022년도에 5배 정도 위험해졌다고 할 수 있는가? 타당한 이유를 제시하라.

해답 2021년도와 2022년도의 교통사고는 절대적으로 비교할 수 없다. 왜냐하면 2021년도에는 2022년도보다 자동차가 몇 배 증가했으므로 절대적인 교통사고의 수만 가지고 위험성을 비교할 수 없다.

(b) 만약에 위의 통계가 자동차 운전의 위험도를 측정하는 적절한 통계가 아니라면 위험도를 측정할 수 있는 다른 통계를 구하는 방법을 설명하라.

해답 적절한 비교방법은 각 연도별 교통사고의 수를 자동차의 수로 나눈 값인 자동차 1대당 교통사고의 수를 조사해 비교하는 것이다

06. 우리나라에서는 현재 선거 전에 여론조사를 실시해 각 후보별 예상 득표율을 발표하는 것이 법으로 금지되어 있다. 미국과 같이 대통령 후보에 대한 예상 득표율을 선거 전에 발표하는 경우에 발생될 수 있는 문제점들은 무엇인가?

해답 여론조사에 의해 여론이 형성될 우려가 있다. 즉, 여론조사 결과가 선거 직전에 발표되면 여론조사 결과에서 우세하다고 나타난 후보 쪽으로 많은 부동표가 따라가는 문제점이 발생할 수 있다. 자기 성향보다는 우세 정당에 투표할 여지가 많다는 것이다.

07. 모 라디오 방송국에서는 한 달 동안 방송국에 접수된 우편물의 수를 매월 말일마다 집계해 금주의 라디오 방송 청취율 순위를 발표한다. 이와 같은 여론조사에 의한 인기순위 발표에서 생각될 수 있는 문제점들은 무엇인가? 또한 그 이유는 무엇인가?

해답 이와 같은 조사를 자발적인 응답에 의한 조사라 부른다. 이 조사의 문제점은 자발적인 응답에 근거해 조사를 실시하므로 주어진 문제에 관심이 있는 사람들만 조사에 응하게 된다는 것이다. 따라서 대상집단 전체의 여론을 조사하는 것이 아니므로 한쪽으로 편향된 조사를 하기 쉽다.

08. 한 여론조사기관에서 우리나라의 유권자 1,000명을 대상으로 제20대 대통령 선거의 공정성 문제에 대한 여론조사를 실시했다. 1,000명 중에서 600명이 제20대 대통령 선거가 공정하게 치루어졌다고 응답했을 때,

(a) 제20대 대통령선거의 공정성에 대한 우리나라 유권자들의 긍정적인 응답 비율(찬성 비율) p에 대한 95% 신뢰수준하에서의 최대허용오차를 구하라.

해답 95% 신뢰수준하에서의 최대허용오차는 교과서 16쪽의 식에 의해 $1.96\sqrt{\frac{1}{4n}}$이다. 이 문제에서 $n = 600$이므로 최대허용오차는

$1.96\sqrt{\frac{1}{4\times600}} = \frac{1.96}{48.9898} = 0.04$, 즉 4%이다.

(b) 95% 신뢰수준하에서 실제 비율이 어느 구간 안에 있다고 생각할 수 있는가?

해답 (b) 95% 신뢰수준하에서 실제 비율은 추정 비율($\hat{P}$) ± 최대허용오차 내에 존재한다. $\hat{P} = \frac{360}{600} = 0.6$이므로 실제 비율은 $0.6 \pm 0.04 = (0.56\sim0.64)$ 사이에 있다고 할 수 있다.

(c) 위 (b)의 결과에 의할 때 과반수의 국민들이 제20대 대통령 선거가 공정하게 치루어졌다는 데 동의한다고 할 수 있는가? 그 이유는?

해답 95% 신뢰수준하에서 공정하게 치루어졌다고 생각하는 사람의 비율이 0.56～0.64 사이에 있는데, 하한이 0.5보다 크므로 과반수의 사람들은 20대 대선이 공정하게 치루어졌다는 데 동의한다고 할 수 있다.

09. 한 여론조사에서 95% 신뢰도에서 최대허용오차가 4%일 때 최소 몇 명 정도를 표본으로 조사해야 하는가?

해답 해답 95% 신뢰수준하에서의 최대허용오차는 $1.96\sqrt{\frac{1}{4n}}$이다. 이 문제에서 최대허용오차는 4%이므로, $n = 600$이다.

제2장 자료의 표현과 측정

Introduction to **Statistics**, Solutions

01. 에어코리아에서 측정된 미세먼지(PM_{10})의 농도를 조사하는 실험에서의 모집단을 정의하고, 적절한 표본조사 방법을 제시하라.

해답 이 문제에서 모집단이란 일정 기간 동안 측정된 지역 모두이다.

적절한 표본추출 방법은 조사기간에 의존한다고 할 수 있는데, 조사기간(예를 들면 1개월) 동안을 고려해 지역(읍,면,동) 20개를 랜덤하게 표본으로 추출해 미세먼지 농도를 조사할 수 있다. 이러한 문제에 있어서 모집단은 일반적으로 정의되지 않는다.

02. 모집단을 조사할 때 전수조사 대신에 표본을 추출하여 조사하는 경우가 많은데 그 이유를 설명하라.

해답 과학적 연구에서 표본조사가 전수조사보다 선호되는 이유로 다음의 몇 가지를 들 수 있다.

첫째, 비용과 시간이 절약되어 경제적이다. 연구에 소요되는 비용을 절약할 수 있을 뿐만 아니라, 신속한 정보가 필요한 경우에 자료 수집 · 집계 · 분석 등을 빠른 시간 내에 처리할 수 있다.

둘째, 정확한 자료를 얻을 수 있다. 자료의 정확도에 영향을 주는 오차에는 표본(추출)오차와 비표본오차가 있다. 표본오차(sampling error)는 표본의 특성치(통계량, statistic)로부터 모집단의 특성치(모수, parameter)를 추정하는 데 나타나는 오차이므로 표본조사의 경우에 발생한다. 비표본오차(nonsampling error)는 자료의 수집이나 처리 등이 정확하지 못하여 발생하는 오차로서 전수조사와 표본조사 모두의 경우에 발생한다. 그러나 표본조사에서는 전수조사보다 자료의 수집 · 집계 과정을 더 잘 통제할 수 있기 때문에 상대적으로 비표본오차가 적어 정확도를 높일 수 있다.

셋째, 전수조사가 불가능한 경우에 적용할 수 있다. 모집단이 무한히 많은 경우, 모집단의 정확한 파악이 불가능한 경우, 또는 대상의 파괴를 수반하는 경우(예: 자동차의 안전도 및 내구성 검사, 통조림 등 식료품의 위생점검 등)

에는 불가피하게 표본조사를 할 수밖에 없다.

넷째, 비용과 시간이 적게 들기 때문에 표본에 대한 세밀한 조사가 가능하여 더 많은 정보를 얻을 수 있다는 장점이 있다.

03. 모수와 통계량의 차이점을 설명하고 둘에 대한 예를 들어라.

해답 모수와 통계량의 차이점은 아래와 같다.

- 모집단 모수(population parameter)
  모집단 모수는 모집단의 참 속성값이다.
- 표본 통계량(sample statistic)
  표본 통계량이란 모집단의 모수를 표본 자료에 근거하여 추정한 값이다.

예를 들어, 여론 조사원이 소득세의 일률과세를 찬성하는 유권자의 비율을 조사한다고 하자. 모든 유권자 중 찬성하는 "실제" 비율이 모집단 모수이다. 표본 자료에 근거해 "추정" 한 비율은 표본 통계량이다.

04. 표본조사를 실시하는 이유에 대하여 예를 들어 설명하라.

해답 표본조사를 실시하는 이유를 나열하면

1) 모집단을 전수조사하는 것이 불가능한 경우가 많다.
2) 전수조사에 비해서 표본조사는 인력, 경비, 시간 등이 절약된다.
3) 비표본오차를 줄일 수 있다. 조사 수가 많아지면 측정오차 이외에도 기획, 조사, 관리, 분석 등의 단계에 걸쳐 오차가 많아진다.
4) 특이성이 변하지 않는 시점에서 속히 조사를 할 필요가 있을 경우 순간적인 특성을 파악할 수 있다(여름철 유행성 전염병 발생률 등).
5) 조사행위가 대상의 성격과 형질을 변형시킬 때 표본조사를 한다.

등이 있을 수 있다.

이에 대한 예는 생략한다.

05. 한 지역구민이 자기 지역을 대상으로 미세먼지 농도를 조사하고자 한다. 이 조사에서의 모집단과 원소를 정의하고, 가장 바람직한 표본추출 방법에 대해 설명하라.

해답 이 조사에서 모집단이란 그 지역구민이 거주하는 구에 속한 동 모두이며, 원소는 각각의 지역동이다.

06. 어떤 안건에 대한 의견을 알아보기 위하여 모집단을 몇 개의 그룹으로 나눈 후 각 그룹별로 임의로 표본을 추출하여 설문조사를 하고자 한다. 그룹을 나눌 때, 이 안건에 대하여 같은 그룹에 속하는 구성원들 간의 의견은 동질성이 높도록 하고 다른 그룹에 속하는 구성원들 간의 의견은 이질성이 높도록 할 때 사용하는 표본추출 방법은 무엇인가?

해답 **층화추출법** : 같은 그룹에 속하는 구성원들 간의 의견은 동질성이 높도록 하고 다른 그룹에 속하는 구성원들 간의 의견은 이질성이 높도록 할 때 사용하는 표본추출 방법이다.

07. 우리나라 5개 시 A, B, C, D, E에 대한 초미세먼지($PM_{2.5}$)의 농도를 알아보기 위해 각 시에서 5개의 구를 뽑아 조사를 실시하려고 한다. 이 조사에서 모집단과 표본은 무엇인가?

해답 모집단 : 서울시 전체 지역시
표본 : 각 시에서 뽑힌 5개의 지역구

08. 생산된 물통의 길이의 분산이 100cm라고 한다. 이 물통의 표준편차는 얼마인가? 또한 표준편차의 단위는 무엇인가?

해답 표준편차는 분산의 양의 제곱근이고, 표준편차의 측정단위는 원 자료와 같다. 표준편차의 측정단위는 원 자료와 같다.

09. 일련번호가 주어진 10,000명으로 구성된 모집단에서 계통추출법으로 100명의 표본을 추출하는 방법을 설명하라.

해답 10,000/100 = 100이므로 10,000명을 번호순서대로 100명씩 100개의 구간으로 나눈다. 첫 번째 구간 1～100번에서 임의로 하나의 번호를 선택한 후 각 구간에서 동일한 위치의 번호를 표본으로 추출한다.

10. 표본조사 방법에는 면접조사, 우편조사, 전화조사가 있다. 각 조사방법에 대해 설명하고, 발생될 수 있는 문제점을 지적하라.

해답 면접조사란 조사자가 피조사자를 직접 만나 조사를 실시하는 것이고, 우편조사는 설문지를 피조사자에게 우편으로 발송해 피조사자가 스스로 작성해 반송하도록 하는 방법이다. 전화조사란 피조사자에게 전화를 걸어 조사를 실시하는 방법이다.

면접조사의 문제점은 시간과 비용이 많이 들고 피조사자를 추출하기가 어렵다는 것이고, 우편조사에서는 응답률이 낮다는 문제점이 있다. 전화조사에서는 전화가 없는 가정은 불가능하고 조사시간대에 따라 응답자의 성향이 다르며, 여러 문항을 조사하는 데 부적절한 문제점이 있다.

11. 총조사에 대한 표본조사의 장점을 설명하라.

해답 총조사에 대한 표본조사의 대표적인 장점은 시간과 비용이 적게 들고 소수의 잘 훈련된 조사요원을 활용함으로써 총조사보다 오히려 더욱 정확한 조사가 가능하다는 점이다.

12. 세 가지 종류의 자동차(현대 소나타, 쌍용 티볼리, 기아 K7)의 연비(km/l)를 비교하는 실험방법을 설명하라.

해답 세 자동차의 연비를 비교하는 실험은 동일 시기에 출고되어 비슷한 수준의 운행거리를 갖는 각각의 자동차 제품 10대씩을 구해 동일한 구간에서 연비를 측정한 후 각 제품의 평균연비를 이용해 비교한다.

13. 다음 자료를 측정하는 척도가 무엇인가를 설명하라.

(a) 시청자들이 가장 좋아하는 TV 프로그램
(b) 한 마라톤 경기에서 선수들이 골인점에 도착한 순서
(c) 2023년 4월 미세먼지 농도
(d) 사람들이 거주하는 주거의 형태(단독주택, 연립주택, 아파트, …)
(e) 매년 판매되는 자동차의 수

해답 (a) 순서척도 (b) 순서척도 (c) 구간척도
(d) 명목척도 (e) 비율척도

14. 다음 자료들이 질적 자료인지 혹은 양적 자료인지를 구분하라.

(a) 탄산음료 소비자들이 선호하는 탄산음료의 상표
(b) 1,000명의 네티즌들이 가장 좋아하는 예능 프로그램의 이름

(c) 한 달 동안의 환전 거래량

(d) 시 · 도별로 일 년 동안의 폭염일 수

해답 질적 자료 : (a), (b)

양적 자료 : (c), (d)

15. 조사대상자의 저축액을 파악하기 위한 다음 두 가지 형태의 설문에 대하여 답하라.

> a. 귀하의 작년 저축액(단위 : 백만원)은 얼마입니까?
> b. 귀하의 작년 저축액에 해당하는 번호에 ○표를 하여 주시오.
> 1) 5백만원 이하　2) 5백만원 이상 2천만원 이하　3) 2천만원 이상

(1) a와 b에 대한 응답결과의 측정척도를 서술하라.

해답 a : 비율척도, b : 순서척도

(2) 조사자의 입장에서 a와 b 중 어느 것이 더 바람직한가? 그 이유를 서술하라.

해답 a, 조사자가 미리 가능한 응답을 구체적으로 파악할 수 없을 때 유용하다.

(3) 응답자의 입장에서 응답률이 높은 형태의 설문은? 그 이유를 서술하라.

해답 b, 응답자가 답하기 쉽다. 응답자가 응답하기를 기피하는 질문들에 대해 범주를 택하게 함으로써 응답을 받아내는 데에 더욱 효과적이다.

16. 측정이란 무엇인지 간략하게 설명하라.

해답 측정이란 어떤 단위를 기준으로 일정한 양의 크기를 재는 것을 말한다.

17. 척도의 종류를 각각의 예를 들어 설명하라.

해답

(1) 명목척도(nominal scale)

측정대상이 어느 집단에 속하는지 분류하는 경우에 사용되는 척도이다.

(2) 순서척도(서수척도 : ordinal scale)

측정대상의 특성의 서열관계를 관측하는 척도로, 선택사항이 일정한 순서로 되어 있다.

(3) 구간척도(interval scale)

측정대상이 갖고 있는 속성의 양을 측정하는 것으로, 측정결과가 숫자로 표현되나 해당 속성이 전혀 없는 상태인 절대적인 원점(absolute zero)이 존재하지 않는다. 따라서 두 관측값 사이의 비율은 별 의미가 없다. 온도, 지수 등의 측정방법이 구간척도에 해당된다.

(4) 비율척도(ratio scale)

구간척도가 갖는 특성에 더하여 절대적인 원점이 존재하고 두 측정값의 비율이 의미가 있는 척도를 말한다. 무게, 키, 나이, 상품가격, 판매량 등 숫자로 관측되는 일반적인 자료의 측정이 비율척도에 해당된다.

예는 생략.

18. 양적 변수를 질적 변수로 변환하는 것이 가능한가 불가능한가? 반대로 질적 변수를 양적 변수로 변환하는 것은 가능한가? 불가능하다면 그 이유를 말하고, 가능하다면 변환시킬 수 있는 구체적인 예를 들어서 설명하라.

해답 양적 변수를 질적 변수로 변환하는 것은 양적 자료를 구간을 나누어 값을 나타냄으로써 변환을 할 수 있는데, 예를 들어 수능성적을 받았을 때 이때의 성적을 양적 변수로 보면, 이를 등급으로 나누어 질적 변수로 바꾸어 줌으로서 변환을 할 수 있다.

질적 변수를 양적 변수로 바꾸는 것은 불연속적인 변수를 연속적인 양적 변수로 바꾸는 것이다. 질적 변수를 X, 양적 변수를 Y로 보았을 때 하나의 X값이 여러 개의 Y값으로 변환을 하여야 하는데, 이는 함수의 정의 "공집합이 아닌 두 집합 X, Y에서 X의 모든 원소가 Y원소 어느 하나에 대응할 때 이 대응관계를 'X에서 Y로의 함수' 라 하고, 기호로는 $f : X \rightarrow Y$와 같이 나타낸다" 에 위배되므로 이는 불가능하다.

19. 강남구에서 42일 동안 측정한 미세먼지 농도 지수(단위 : ㎍/㎥)는 다음과 같다.

55.9	54.3	61.6	77.4	99.8	101.7
88.9	110.2	120.1	140.0	96.5	78.3
73.3	89.4	88.9	66.7	109.2	102.8
93.5	96.3	97.6	99.7	99.4	98.8
103.5	121.1	140.3	103.3	130.1	201.3
88.4	91.6	88.2	86.5	84.1	93.1
101.1	105.0	109.4	96.4	97.7	92.7

(a) 도수분포표를 구하라.

해답

계급값	도수
50～60	2
60～70	2
70～80	2
80～90	7
90～100	13
100～110	8
110～120	1
120～130	2
130～140	2
140～150	1
150～	1
도수의 총합	42

(b) (a)의 도수분포표를 이용해 히스토그램을 그려라.

해답

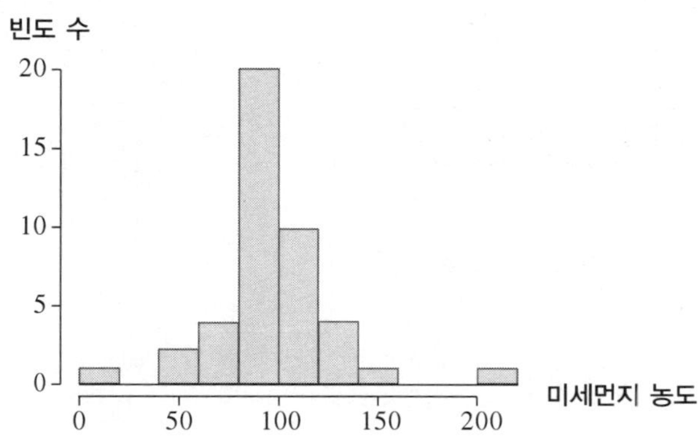

(c) 미세먼지 농도가 100을 넘은 경우는 몇 %인가?

해답 $8+1+2+2+1+1=15$

$\frac{15}{42}\times 100 = 35.71\cdots \fallingdotseq 35$

그러므로 35%

20. 50일 동안 서울시의 강수량이 다음과 같다.

2.1	4.4	2.7	32.3	9.9	9.0	2.0	6.6	3.9	1.6
14.7	9.6	16.7	7.4	8.2	19.2	5.9	4.3	3.3	1.2
4.1	18.4	0.2	6.1	13.5	7.4	0.2	8.3	0.3	1.3
14.1	1.0	80.2	2.4	18.0	8.7	24.0	1.4	8.2	5.8
1.6	3.5	11.4	18.0	26.7	3.7	12.6	23.1	5.6	0.4

(a) 도수분포표를 구하라.

해답

계급값	도수
0 ~ 5.0	21
5.0 ~ 10.0	14
10.0 ~ 15.0	5
15.0 ~ 20.0	5
20.0 ~ 25.0	2
25.0 ~ 30.0	1
30.0 ~ 35.0	1
35.0 ~ 40.0	0
40.0 ~ 50.0	0
50.0 ~ 60.0	0
60.0 ~ 90.0	1
도수의 총합	50

(b) 히스토그램을 그려라.

해답

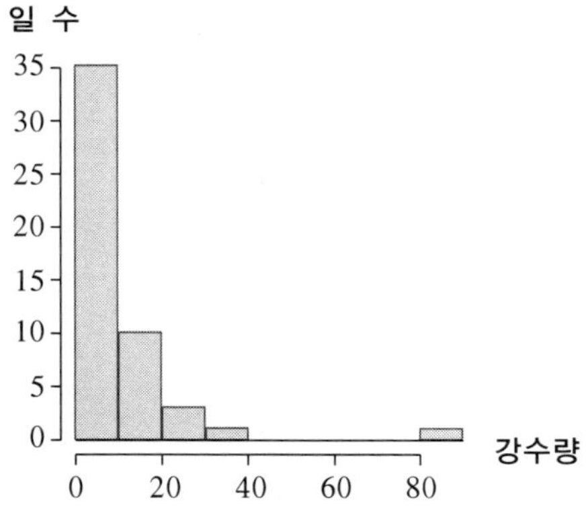

(c) 강수량이 평균 강수량을 넘은 일 수는?

해답 $\frac{11}{50} \times 100 = 22\%$

21. 한 대학교의 5개 과에 등록한 학생들의 수가 다음 표와 같을 때 막대그림표와 원그림표를 그려라.

과	등록학생 수
수학과	50
영어영문학과	38
토목공학과	20
물리학과	40
통계학과	35

해답 (a) 막대그림표

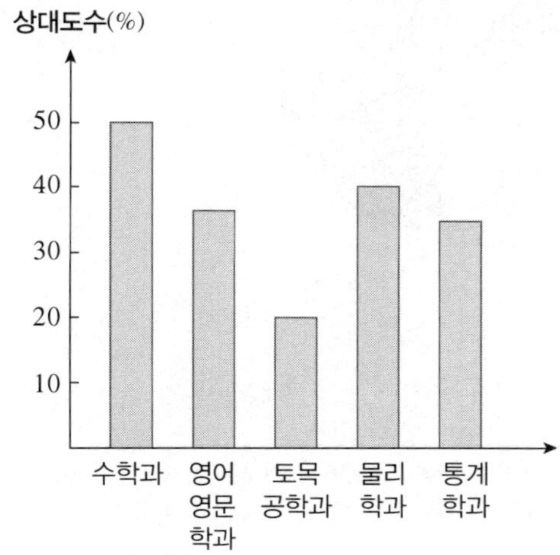

(b) 원그림표

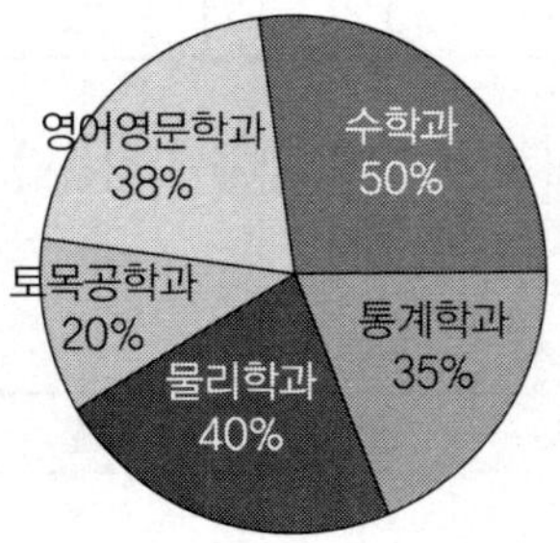

22. 다음 자료는 백화점의 고객 10명을 무작위로 선별하여 상품 구입 실적을 조사한 분포이다. 이 자료를 이용해 고객별 상품 구입 실적의 막대그림표와 원그림표를 그려라.

151	134	101	65	133	147	57	95	110

해답 (a) 막대그림표는 생략함.

(b) 원그림표

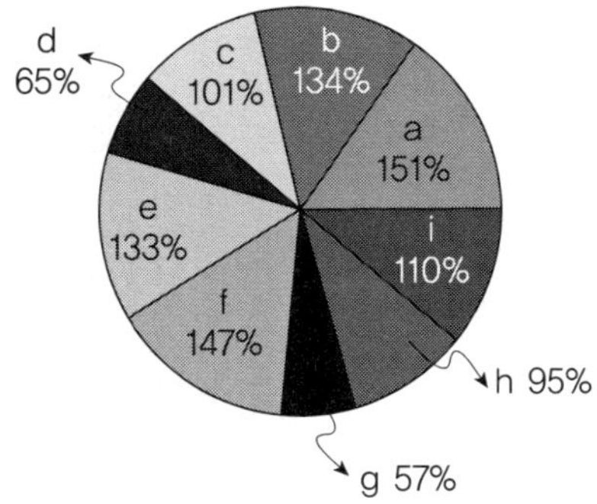

23. 대학생 60명의 시험성적을 측정한 결과가 다음과 같다.

3.04	3.34	3.09	2.99	2.36	3.41	3.27	2.64	3.03	2.86
3.18	3.17	3.01	3.02	2.37	2.55	3.50	3.25	3.39	2.87
3.14	2.82	3.45	3.25	2.85	3.21	2.80	2.97	3.26	3.45
2.82	3.24	3.63	3.34	3.11	2.49	2.53	3.13	2.52	3.14
3.12	2.46	2.94	3.32	2.90	2.71	3.52	3.27	3.12	3.10
3.21	3.54	3.09	3.23	3.15	2.51	2.74	3.24	3.01	3.23

(a) 계급의 수를 5로 하여 도수분포표와 히스토그램을 작성하라.

해답

최대값	3.63
최소값	2.36
평균	3.04833
분산	0.09655
중위수	3.115
최빈값	2.82, 3.01 …
계급구간	0.3

계급	도수	상대도수
2.6 이하	8	0.1333
2.6 ~ 2.9	10	0.1666
2.9 ~ 3.2	20	0.3333
3.2 ~ 3.5	19	0.3166
3.5 이상	3	0.0500
합계	60	1

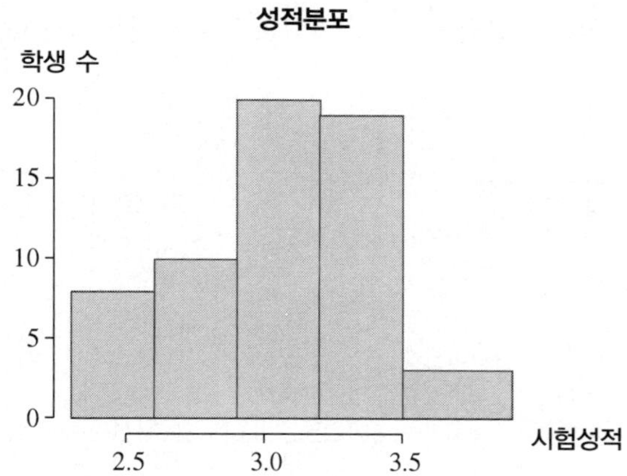

(b) 줄기의 개수가 10인 줄기와 잎 그림을 그려보아라.

해답 부득이하게 줄기의 개수를 8개로 나타낸다.

Stem	Leaf	#
22	67	2
24	691235	6
26	414	3
28	0225670479	10
30	11234990122344578	17
32	113344556772449	15
34	155024	5
36	3	1

24. 체중이 서로 비슷한 암수 어린 송아지를 각각 20마리씩 선별하여 새로 개발한 배합사료를 일정 기간 동안 먹인 뒤 체중의 증가량을 조사하였다. Excel을 사용하여 다음 질문에 답하라.

수컷	15.2	14.0	14.2	16.9	13.4	16.2	14.3	14.7	14.7	15.1
	16.0	14.1	16.6	15.4	14.5	14.5	15.4	15.3	15.0	15.4
암컷	13.4	13.3	14.1	12.2	15.3	13.6	13.3	14.1	9.8	13.2
	13.5	14.0	14.2	14.5	15.8	15.5	17.5	13.8	8.7	10.3

(a) 성별에 따라 각각 히스토그램을 그리고 자료의 분포 상태를 설명하라.

해답

수컷

계급	도수
8.7	0
9.5	0
10.3	0
11.1	0
11.9	0
12.7	1
13.5	4
14.3	6
15.1	5
15.9	3
16.7	1
17.5	0
도수의 총합	20

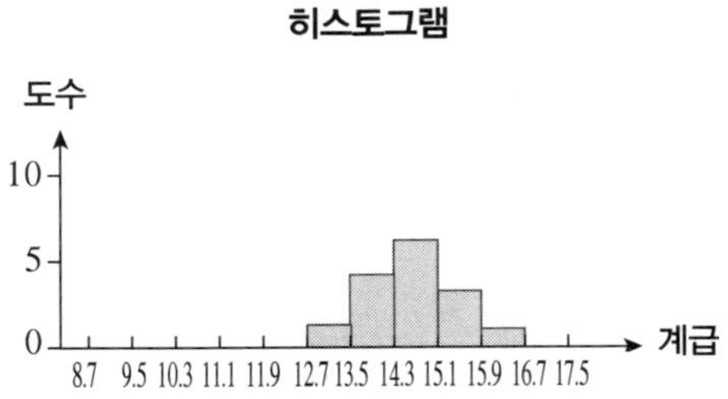

암컷

계급	도수
8.7	0
9.5	2
10.3	0
11.1	0
11.9	1
12.7	5
13.5	6
14.3	1
15.1	3
15.9	0
16.7	1
17.5	0
도수의 총합	20

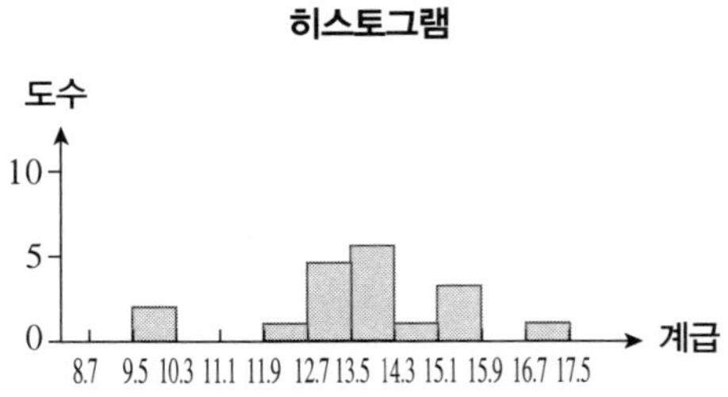

(b) 평균, 중앙값, 표준편차, 범위, 사분위범위를 각 성별로 구하라.

해답

		수컷	암컷
	평균	15.045	1.51
	중앙값	0.8089211	1.70
	표준편차	0.8994004	2.051052
범위	최대값	16.9	17.5
	최소값	13.4	8.7
사분위범위	0사분위수	13.4	8.7
	1사분위수	14.45	13.275
	2사분위수	15.05	13.70
	3사분위수	15.40	14.275
	4사분위수	16.90	17.50

25. 다음 자료는 에어코리아에서 측정한 2019년 4월 2일 초미세먼지 농도이다.

19	15	16	18	23	23	19	16	13	19
25	27	16	19	20	19	15	16	21	20
14	16	16	16	23	21	20	18	18	22
23	13	13	17	17	14	14	11	11	17
10	22	20	19	23	21	23	17	19	22

(a) 줄기와 잎 그림을 그려라.

해답

```
Stem  Leaf                              #
 1    11333444556666666677778889999999  32
 2    000011122233333357                18
      ..........+.........+.........+.........+
Multiply Stem. Leaf by 10**+1
```

(b) 평균, 중위수, 최빈값을 구하라.

해답 평균 = 18.18, 중위수 = 18.50, 최빈값 = 16.19

(c) 범위를 구하라.

해답 범위 = 27 − 11 = 16

(d) 아래사분위수와 위사분위수를 구하라.

해답 $Q_1 = 16.00$, $Q_3 = 21.00$

26. 다음 각 자료의 평균, 중위수, 분산을 구하라.

(a) 2, 3, 5, 3, 2, 3, 4, 3, 5, 1, 2, 3, 4

해답 평균 = 3.077, 중위수 = 3, 분산 = 1.410256

(b) 53, 50, 43, 52, 50, 47, 62, 90, 50, 41

해답 평균 = 53.8, 중위수 = 50, 분산 = 194.6222

(c) 13, 15, 10, 30, 39, 29, 26, 23, 25, 36, 40, 41

해답 평균 = 27.25 중위수 = 27.5, 분산 = 113.8409

27. 다음 자료는 한 마트의 아르바이트생 20명의 월급여를 조사한 결과이다.(단위 : 만 원)

91	64	98	66	83	87	83	86	80	93
83	75	72	79	90	80	90	71	84	68

(a) 평균과 분산을 구하라.

해답 평균 = 81.15, 분산 = 88.55526

(b) 중위수와 범위를 구하라.

해답 중위수 = 83, 범위 = 98 − 64 = 34

(c) 최빈값을 구하라.

해답 최빈값 = 83

28. 다음 자료는 어느 오토바이 회사의 A오토바이 연비(km/l)을 구한 결과이다.

21.2	24.8	22.7	24.4	22.3	23.4
23.7	24.3	21.8	25.1	25.2	24.9

(a) 평균과 분산, 표준편차를 구하라.

해답 평균 = 23.65, 분산 = 1.715833, 표준편차 = 1.309898

(b) 중위수와 범위를 구하라.

해답 중위수 = 24, 범위 = 25.20 − 21.20 = 4

29. 다음 자료는 통계학개론을 수강한 30명 학생들의 학기말 성적이다. 90점 이상은 A, 80~89점은 B, 70~79점은 C, 60~69점은 D, 59점 이하는 F를 주기로 하였다고 할 때, 아래 물음에 답하라.

83	91	88	82	81	84	62	93	50	63
96	68	73	80	97	95	91	38	82	72
88	83	78	93	69	78	91	87	84	91

(a) 학점구분(A, B, C, D, F)에 의한 %를 구하라.

해답 수강생 30명

학점 A = $\frac{9}{30} \times 100 = 30\%$ 학점 B = $\frac{11}{30} \times 100 = 36.6666\%$

학점 C = $\frac{4}{30} \times 100 = 13.3\%$ 학점 D = $\frac{4}{30} \times 100 = 13.333\%$

학점 F = $\frac{2}{30} \times 100 = 6.67\%$

(b) 학점구분에 의한 원그림표를 그려라.

해답

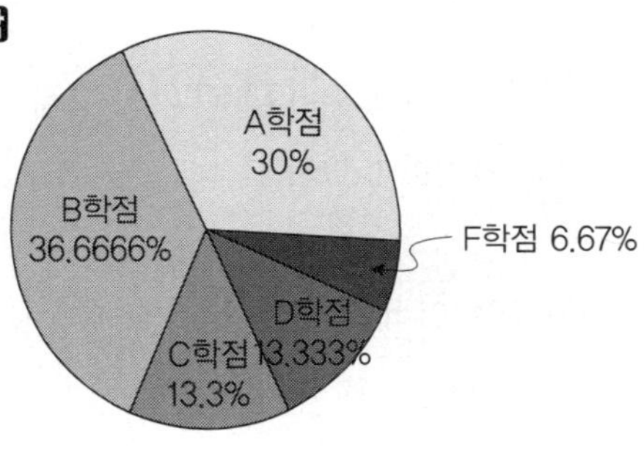

(c) 평균과 중위수를 구하라.

해답 평균 = 80.36667, 중위수 = 83

(d) 범위, 아래사분위수, 위사분위수를 구하라.

해답 범위 = 59, Q_1 = 74.25, Q_3 = 91

(e) 상자그림을 그려라.

해답 $X_{(1)} = 38$, $Q_1 = 73$, 중위수 = 83, $Q_3 = P1$, $X_{(30)} = 97$이므로

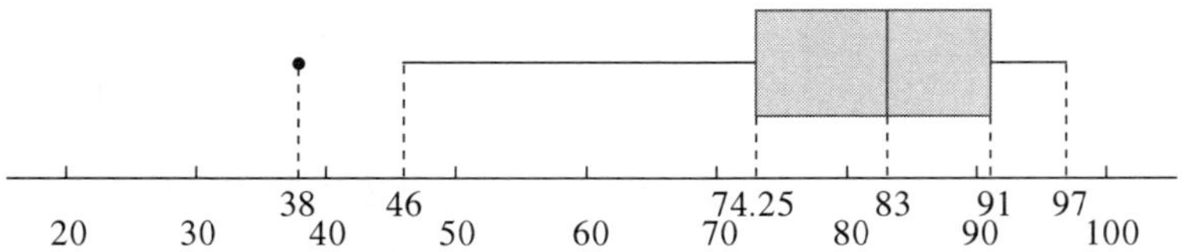

30. [연습문제 19]에 주어진 자료를 이용해 다음 질문에 답하라.

(a) 줄기와 잎 그림을 그려라.

해답 해답 생략

(b) 평균(X), 중위수, 최빈값을 구하라.

해답 평균 = 98.43, 중위수 = 97.05, 최빈값 = 88.9

(c) 범위, 표준편차(S)를 구하라.

해답 범위 = 201.3 − 54.3 = 147, 표준편차 = 24.75206

(d) $\overline{X} \pm S$, $\overline{X} \pm 2S$, $\overline{X} \pm 3S$ 안에 있는 관측값의 수의 비율을 구하라.

해답

(i) $\overline{X} = 98.43$, $S = 24.75206$이므로 $\overline{X} \pm S = (73.67794, 123.18206)$이며, 이 구간 안에는 모두 32개의 관측값이 있다.
$\frac{32}{42} \times 100 = 76\%$이다.

(ii) $\overline{X} \pm 2S = (48.93, 147.93)$이며, 이 구간 안에 42 경우 모두가 주어져 있다. 100%이다.

(iii) $\overline{X} \pm 3S = (24.18, 172.68)$이며, 이 구간 안에 42 경우 모두가 주어져 있다. 100%이다.

(e) 상자그림을 그려라.

해답

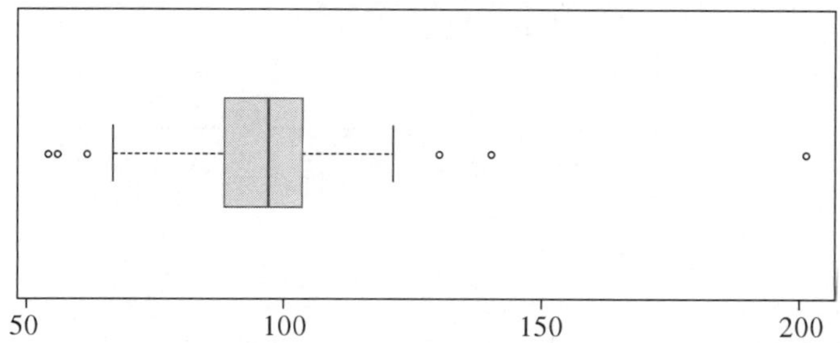

31. [연습문제 25]에 주어진 자료를 이용해 다음 질문에 답하라.

(a) 평균($\overline{X}$), 중위수, 사분위수를 구하라.

해답 평균 = 18.18, 중위수 = 18.50, $Q_1 = 16.00$, $Q_3 = 21.00$

(b) 범위, 표준편차(S)를 구하라.

해답 범위 = 27 − 10 = 17, 표준편차 = 3.810244

(c) $\overline{X} \pm S$, $\overline{X} \pm 2S$, $\overline{X} \pm 3S$ 안에 있는 관측값의 수의 비율을 구하라.

해답

(i) $\overline{X} = 18.18$, $S = 3.81$이므로, $\overline{X} \pm S = (14.37, 21.99)$이며, 이 구간 안에는 모두 31개의 관측값이 있다.

$\frac{31}{50} \times 100 = 62\%$이다.

(ii) $\overline{X} \pm 2S = (10.56, 25.8)$이며, 이 구간 안에는 모두 49개의 관측값이 있다.

$\frac{49}{50} \times 100 = 98\%$이다.

(iii) $\overline{X} \pm 3S = (6.75, 29.61)$이며, 이 구간 안에 50 경우 모두가 주어져 있다. 100%이다.

(d) 상자그림을 그려라.

해답

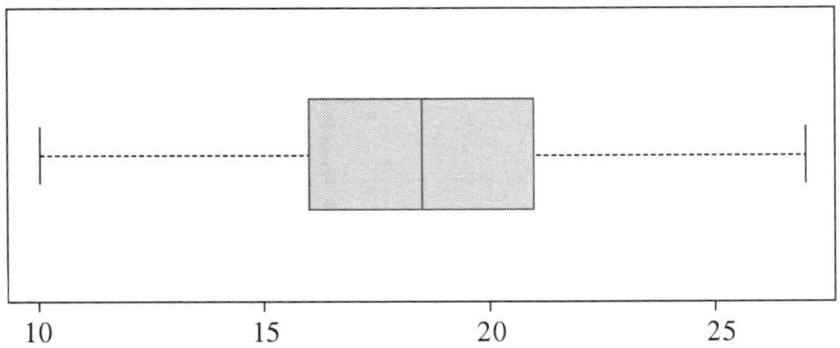

32. 서울시 7월 미세먼지 농도는 평균이 6㎍/m³, 표준편차가 3㎍/m³이라고 한다. 서울시 미세먼지 농도의 분포가 좌우대칭인 종 모양과 같다고 할 때 인천시 미세먼지 농도에 대한 다음 물음에 답하라.

힌트 $\overline{X}=6, S=3$이므로, $\overline{X}\pm S=(3,9)$ 사이에 68%, $\overline{X}\pm 2S=(0,12)$ 사이에 95%, $\overline{X}\pm 3S=(-3,15)$ 사이에 99%의 관측값이 존재한다.

(a) 미세먼지 농도가 6㎍/m³ 이상일 날짜는 7월 한 달 중 며칠이라고 생각하는가?

해답 6㎍/m³ 이상일 일수는 50%이므로, $31\times 0.5=15.5$. 약 16일이다.

(b) 미세먼지 농도가 3㎍/m³에서 9㎍/m³ 사이에 있을 날짜는 며칠이라고 생각하는가?

해답 6㎍/m³ 이상일 일수는 68%이므로, $31\times 0.68=21.08$. 약 21일이다.

(c) 미세먼지 농도가 3㎍/m³에서 12㎍/m³ 사이에 있을 날짜는 며칠이라고 생각하는가?

해답 6㎍/m³ 이상일 일수는 95%이므로, $31\times 0.98=30.845$. 약 31일이다.

(d) 미세먼지 농도가 3㎍/m³ 이하이거나 9㎍/m³ 이상일 날짜는 며칠이라고 생각하는가?

해답 6㎍/m³ 이상일 일수는 32%이므로, $31\times 0.32=9.92$. 약 10일이다.

33. 사람의 맥박 수는 매 분당 평균 60회이고, 표준편차는 4.7이다. 이 분포가 종 모양의 분포를 따르면 분당 맥박 수가 55.5와 70 사이일 백분율은 얼마인가?

해답 $\overline{X} = 60, S = 4.7$ 이므로, $\overline{X} \pm S = (55.3, 64.7)$ 사이에 68%, $\overline{X} \pm 2S = (50.6, 69.4)$ 사이에 95%, $\overline{X} \pm 3S = (45.9, 74.1)$ 사이에 99%의 관측값이 존재한다.

55.3 ~ 60회 사이에 $34\% = \frac{68}{2}$, 60 ~ 69.4회 사이에 $47.5\% = \frac{95}{2}$ 이므로 대략 55.5와 70회 사이에는 81.2%가 존재한다.

34. 100명의 대학생 몸무게의 평균과 분산은 각각 60과 30이다. 이 몸무게의 분포가 종 모양이라면 구간 30과 90 사이에는 몇 명이 포함되어 있는가? 구간 0과 120 사이에는 근사적으로 몇 명이 포함되어 있는가?

힌트 $\overline{X} = 60, S = 30$ 이므로, $\overline{X} \pm S = (30, 90)$ 사이에 68%, $\overline{X} \pm 2S = (0, 120)$ 사이에 95%의 관측값이 존재한다.

35. 도수분포가 비대칭이고 극단치들이 있을 때 보다 적절한 중심성향 척도는 무엇이라고 생각하는가?

해답 중위수, 중위수는 가운데 순서에 위치한 값을 택하므로 소수의 크거나 작은 관측값에 의해 영향을 받지 않는다.

36. 한 실험실에서 두 개의 식물 영양제 효과를 검사하기 위해 각각 40개의 화분에 동일한 식물을 심고, 20개의 화분에는 A영양제, 나머지 20개의 화분에는 B영양제를 사용한 후 100일 이후 식물의 길이(cm)를 측정하였다. Excel을 사용하여 다음 질문에 답하라.

A그룹	20.2	24.5	19.8	18.3	22.4	27.8	30.1	18.2	14.7	22.2
	18.7	24.3	26.3	31.2	19.9	22.2	29.2	26.3	28.2	25.4
B그룹	12.2	14.9	13.3	28.1	19.2	13.1	17.7	19.9	18.2	11.1
	16.1	22.4	26.2	21.1	18.9	19.5	11.9	29.3	26.2	28.2

(a) 그룹별로 각각의 히스토그램을 그리고 자료의 분포 상태를 설명하라.

해답

A그룹

계급값	도수
16.3	1
18	0
19.6	3
21.3	3
22.9	3
24.6	2
26.2	1
27.9	3
29.5	2
31.2	2
도수의 총합	20

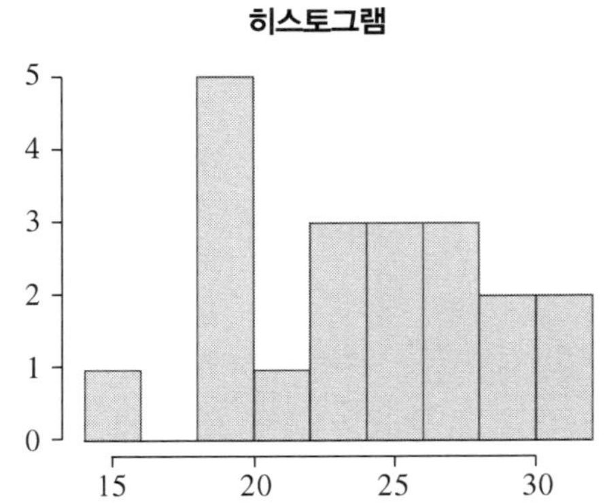

B그룹

계급값	도수
16.3	1
18	0
19.6	3
21.3	3
22.9	3
24.6	2
26.2	1
27.9	3
29.5	2
31.2	2
도수의 총합	20

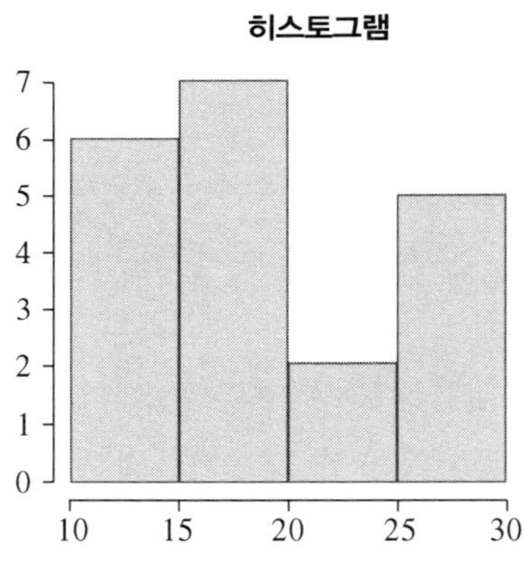

(b) 평균, 중앙값, 표준편차, 범위, 사분위범위를 각 그룹별로 구하라.

해답

		A그룹	B그룹
	평균	23.495	19.38
	중앙값	23.35	19.05
	표준편차	4.557178	5.828232
	범위	16.50	18.20
사분위범위	0사분위수	14.700	11.10
	1사분위수	19.875	14.50
	2사분위수	23.350	19.05
	3사분위수	26.675	23.35
	4사분위수	31.200	29.30

37. 2022년 9월의 습도가 다음과 같다. R 프로그램을 이용하여 다음 물음에 답하여라.

63	80	83	85	67	83	51	58	73	66	
85	73	81	78	57	83	87	55	93	68	
77	97	58	34	82	75	81	92	59	49	55

(a) 도수분포표를 구하라.

해답

계급값	도수
40 ~ 50	1
50 ~ 60	7
60 ~ 70	4
70 ~ 80	6
80 ~ 90	9
90 ~ 100	3
도수의 총합	30

(b) 히스토그램을 그려라.

해답

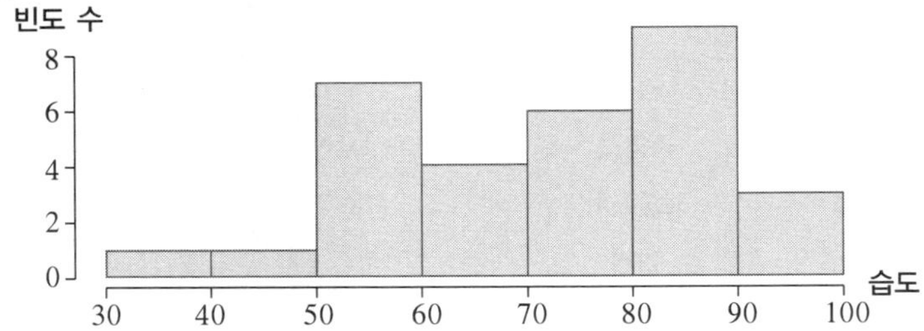

(c) 평균, 분산, 중위수, 범위를 구하라.

해답 평균 = 71.87, 분산 = 224.1828, 중위수 = 75, 범위 = 97 − 34 = 63

(d) 원그림표를 그려라.

해답

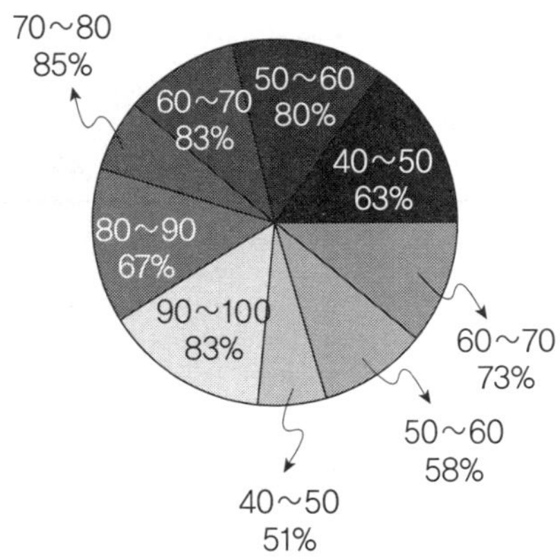

제3장 확률

01. 1에서 10까지의 정수로 이루어진 집합을 S라 할 때,

$$S = \{1, 2, 3, 4, 5, 6, 7, 8, 9, 10\}$$

S의 부분집합 A, B, C를 다음과 같이 정의하기로 한다.

$$A = \{2, 4, 6, 8, 10\}$$
$$B = \{1, 3, 5, 7, 9\}$$
$$C = \{1, 2, 3, 4, 5\}$$

(a) $A \cup C$, $A \cap C$를 구하라.

해답 $A \cup C = \{1, 2, 3, 4, 5, 6, 8, 10\}$, $A \cap C = \{2, 4\}$

(b) A^C를 구하라.

해답 $A^C = \{1, 3, 5, 7, 9\}$(S의 원소 중에서 A에 속하지 않는 원소집합)

(c) 세 부분집합 A, B, C 중 상호배반집합인 쌍을 구하라.

해답 $A \cap C = \{2, 4\}$, $A \cap B = \phi$

$B \cap C = \{1, 3, 5\}$이므로 A와 B가 상호배반집합이다.

02. 6개의 그리스 문자 $\alpha, \beta, \gamma, \omega, \delta, \varepsilon$로 이루어진 집합을 S라 할 때,

$$S = \{\alpha, \beta, \gamma, \omega, \delta, \varepsilon\}$$

S의 부분집합 A, B, C를 다음과 같이 정의하기로 한다.

$$A = \{\alpha, \beta, \gamma\}$$
$$B = \{\alpha, \gamma, \delta\}$$
$$C = \{\omega, \varepsilon\}$$

(a) $A \cup B$, $A \cap B$, $A \cap C$, $A \cup C$를 구하라.

해답 $A \cup B = \{\alpha, \beta, \gamma, \delta\}$, $A \cap B = \{\alpha, \gamma\}$, $A \cup C = \{\alpha, \beta, \gamma, \omega, \varepsilon\}$, $A \cap C = \phi$

(b) C^C를 구하라.

해답 $C^C = \{\alpha, \beta, \gamma, \delta\}$

(c) $A - B$를 구하라.

해답 $A - B = \{\beta\}$

(d) 세 부분집합 A, B, C 중 상호배반집합인 쌍을 구하라.

해답 $A \cap B = \{\alpha, \gamma\}$, $A \cap C = \phi$, $B \cap C = \phi$이므로 A와 C, B와 C가 상호배반이다.

03. 다음 각각의 실험에 대한 표본공간을 정의하라.

(a) 동전 하나를 앞면이 나올 때까지 반복해서 던지는 실험

해답 $\Omega = \{H, TH, TTH, TTTH, \cdots\cdots\}$
뒷면(T)이 0, 1, 2, …번 반복한 후에 앞면(H)이 주어지도록 실험이 실시됨.

(b) 50명이 있는 집단에서 담배 피우는 사람의 수를 파악하는 실험

해답 $\Omega = \{0, 1, 2, 3, \cdots\cdots, 49, 50\}$ 담배 피우는 사람의 수는 0에서 50명 사이에 존재함.

(c) 우리나라 성인을 대상으로 살고 있는 지역구를 조사하는 실험

해답 Ω = {A지역구, B지역구, C지역구, D지역구 ……}, 우리나라에 존재하는 지역구들의 집합이다.

(d) 중학교 신입생의 체중을 측정하는 실험

해답 $\Omega = \{X \mid 0 \le X < \infty\}$,

이론적으로 중학교 신입생의 체중은 0에서부터 ∞ 사이에 존재하는 실수값으로 측정된다. 실제적으로 30~100kg 사이일 수 있는데, 이 경우 이론구간과 실제구간이 차이가 날 수 있다.

(e) 씨름을 하는 두 선수 중 한 선수가 이길 때까지 걸리는 시간을 측정하는 실험

해답 $\Omega = \{X \mid 0 \le X\}$, 이 경우에도 0시간 이상 무한대까지 가능하다.

(f) 사격선수가 표적사격을 한 결과를 측정하는 실험(점수는 0, 1, 2, …, 10점까지임)

해답 $\Omega = \{0, 1, 2, \cdots\cdots, 10\}$, 점수가 0, 1, 2, ……, 10점까지 주어지므로 0에서 10까지의 양의 정수값이다.

(g) 지하수 1l에 들어 있는 대장균의 수를 측정하는 실험

해답 $\Omega = \{0, 1, 2, 3, \cdots\cdots\}$, 대장균 수는 0 이상 무한대까지의 양의 정수값이다.

(h) 한 생산공장에서 생산된 선풍기 100개 중 불량품의 수를 측정하는 실험

해답 $\Omega = \{0, 1, 2, \cdots\cdots, 100\}$, 전체 선풍기가 100개이므로 불량품의 수는 0 이상 100 이하의 정수이다.

04. 하나의 주사위를 던지는 실험에서 사건 E, F, G를 다음과 같이 정의했을 때,

E : 결과가 6이 아니다.
F : 결과가 짝수이다.
G : 결과가 3 이하이다.

다음 각 경우에 대한 결과들을 구하라.

(a) $E \cap G$ (b) $F \cup G$ (c) $E \cap G^C$
(d) $E \cap F$ (e) $E \cup F$

해답 $E = \{1, 2, 3, 4, 5\}$, $F = \{2, 4, 6\}$, $G = \{1, 2, 3\}$

(a) $E \cap G = \{1, 2, 3\}$ (b) $F \cup G = \{1, 2, 3, 4, 6\}$

(c) $E \cap G^C = \{4, 5\}$ (d) $E \cap F = \{2, 4\}$

(e) $E \cup F = \{1, 2, 3, 4, 5, 6\}$

05. 동전 10원짜리와 100원짜리를 동시에 던지는 실험에서 표본공간 Ω는

$$\Omega = \{hH, hT, tH, tT\}$$

와 같다(표본공간에서 소문자 h, t는 10원짜리의 결과이고, 대문자 H, T는 100원짜리의 결과이다). 영문자 h, H는 앞면, t, T는 뒷면을 의미한다.

(a) 다음 각 사건들에 대한 결과를 구하라.

E : 두 동전 모두 앞면(head)인 사건
F : 적어도 하나의 동전은 앞면인 사건
G : 10원짜리 동전이 앞면인 사건

해답 $E = \{hH\}$, $F = \{hH, hT, tH\}$, $G = \{hH, hT\}$

(b) 위의 (a)에 정의된 사건 E, F, G를 이용해 $E \cap F \cap G$, F^C, $E \cup G$, $E \cap F^C$를 구하라.

해답 $E \cap F \cap G = \{hH\}$, $F^C = \{tT\}$

$E \cup G = \{hH, hT\}$, $E \cap F^C = \phi$

06. 바구니에 흰 공이 20개, 빨간 공이 25개, 파란 공이 20개, 노란 공이 25개, 갈색 공이 10개로 총 100개의 공이 담겨져 있다. 이렇게 총 100개의 공에서 임의로 10개의 공을 비복원추출하는 경우, 추출된 10개의 공 중에 빨간 공 2개와 노란 공 1개가 포함될 확률은 얼마인가?

해답

$$\frac{\binom{25}{2}\binom{25}{1}\binom{50}{7}}{\binom{100}{10}} \fallingdotseq 0.04328$$

07. 냉장고에 콜라, 사이다가 각각 5개씩 들어 있다. 5명의 어린이가 음료를 하나씩 선택할 경우 콜라가 적어도 2개 선택될 확률과 콜라가 많아야 2개 선택될 확률을 구하라.

해답

$$\text{콜라가 적어도 2개 선택될 확률} = 1 - \frac{\binom{5}{1}\times\binom{5}{4}+\binom{5}{5}}{\binom{10}{5}} = 0.8968$$

$$\text{콜라가 많아야 2개 선택될 확률} = \frac{\binom{5}{0}+\binom{5}{1}\times\binom{5}{4}+\binom{5}{2}\times\binom{5}{3}}{\binom{10}{5}} = 0.5$$

08. 와인 맛을 감정하는 사람이 4가지 종류의 와인 A, B, C, D를 맛본 후에 맛의 순서를 부여하는 실험에 대한 다음 질문에 답하라.

(a) 표본공간 Ω를 구하라.

해답 $\Omega = \{ABCD, ABDC, ACBD, ACDB, ADBC, ADCB, \cdots, DCBA\}$, 총 24가지

(b) 와인 맛을 감정하는 사람이 감정하는 능력 없이 임의로 순서를 부여할 때 A와인을 최고로 좋다고 순서를 부여할 확률은 얼마인가?

해답 $\frac{1}{6}$(24경우 중 4경우가 이 조건을 만족)

(c) 위 (b)와 같은 조건하에서 B보다는 C가 맛이 좋다고 판단할 확률은 얼마인가?

해답 $\frac{1}{2}$((b) 조건을 만족하는 4경우 중 2경우이므로)

09. 남자 2명과 여자 2명인 4명의 기술자를 4개의 서로 다른 작업장에 배치하는 실험에서 다음 질문에 답하라.

(a) 표본공간 Ω를 구하라.

해답 남자 2명을 A, B, 여자 2명을 C, D라 할 때 표본공간은 A, B, C, D 네 문자를 일렬로 세우는 경우의 집합이다.

$$\Omega = \{ABCD, ABDC, ACBD, ACDB, BACD, BADC, BCAD, BCDA, \cdots\cdots\}$$

와 같이 Ω는 A, B, C, D를 일렬로 세우는 모두 $24(=4\times3\times2\times1)$개의 원소로 되어 있다.

(b) 작업배치를 임의로 한다고 할 때 남자 2명이 모두 가장 열악한 작업환경 두 곳에 배치될 확률은 얼마인가?

해답 처음 두 곳을 열악한 작업장이라 하고 사건 A를 남자 2명이 모두 열악한 작업장에 배치된 경우라 할 때 $A = \{ABCD, ABDC, BACD, BADC\}$이다. 따라서 $P(A) = \frac{4}{24} = \frac{1}{6}$이다.

(c) 가장 열악한 작업환경 두 곳에 남자 한 명과 여자 한 명이 각각 배치될 확률은 얼마인가?

해답 이 확률은 1 − {P(남자 두 명이 열악한 작업장에 배치된 경우) + P(여자 두 명이 열악한 작업장에 배치된 경우)}와 같이 구한다. 이 경우 두 확률 P(남자 열악한 작업장) = P(여자 열악한 작업장)으로 대칭이며, 이 값은 (b)에서 $\frac{1}{6}$로 구해졌다. 따라서 열악한 환경에 남자, 여자가 각각 1명씩 배치될 확률은 $1-\left(\frac{1}{6}+\frac{1}{6}\right)=\frac{1}{3}$이다.

10. 두 바둑선수 A, B가 바둑시합을 다섯 번 하는데, 각각의 선수가 이길 가능성이 동일하다고 한다.

(a) A선수가 3번 이상 이길 확률을 구하라.

해답 A선수가 3번 이길 확률 $=\binom{5}{3}\left(\frac{1}{2}\right)^3\left(\frac{1}{2}\right)^2 = 10\times\left(\frac{1}{2}\right)^5 = \frac{10}{32}$

A선수가 4번 이길 확률 $=\binom{5}{4}\left(\frac{1}{2}\right)^4\left(\frac{1}{2}\right) = 5\times\left(\frac{1}{2}\right)^5 = \frac{5}{32}$

A선수가 5번 모두 이길 확률 $=\binom{5}{5}\left(\frac{1}{2}\right)^5 = \frac{1}{32}$

$\therefore$ A선수가 3번 이상 이길 확률 $=\frac{10}{32}+\frac{5}{32}+\frac{1}{32}=\frac{16}{32}=\frac{1}{2}$이다.

(b) 어느 선수든 3번을 먼저 이기면 우승하며, 우승한 선수가 결정되면 경기가 끝난다고 할 때 A선수가 이길 확률은 얼마인가?

해답 B선수가 3번 이기기 전에 A선수가 3번 이겨야 하므로 A가 이기는 경우는 이기는 순서대로 $\{AAA\}, \{AABA\}, \{ABAA\}, \{BAAA\}, \{AABBA\}, \{ABABA\}, \{ABBAA\}, \{BAABA\}, \{BABAA\}, \{BBAAA\}$ 등 모두 11경우이다.

$P = (AAA) = \left(\frac{1}{2}\right)^3$

$P = (AABA) = P(ABAA) = P(BAAA) = \left(\frac{1}{2}\right)^4$

$P(AABBA) = \cdots = P(BBAAA) = \left(\frac{1}{2}\right)^5$이므로, A가 이길 확률은

$\left(\frac{1}{2}\right)^3 + 3 \times \left(\frac{1}{2}\right)^4 + 6 \times \left(\frac{1}{2}\right)^5 = \frac{4+6+6}{32} = \frac{16}{32} = \frac{1}{2}$이다.

11. 주식투자자가 5개의 투자유망 종목 중 임의로 3개의 종목을 선정해 투자한다고 하자. 5개의 종목 중 2개의 종목이 1년 동안 투자이익을 가져다주었고 나머지 3개의 종목은 손해를 가져다주었을 때 투자자가 선택한 3종목 중 투자이익을 가져다준 두 종목이 포함되어 있을 확률을 구하라.

해답 모든 가능한 경우의 수 $= \binom{5}{3} = \frac{5 \times 4 \times 3}{3 \times 2} = 10$

조건을 만족하는 경우의 수 $= \binom{2}{2} \times \binom{3}{1} = 3$

$\therefore$ 확률 $= \frac{3}{10}$

12. 한 퀴즈 게임에서 A가 10명의 최종 경쟁자 중 한 명이라고 한다. 10명의 최종 경쟁자 중 임의로 3명을 선발해 1등, 2등, 3등 상을 수여한다고 할 때 A가 상을 받을 확률은 얼마인가?

해답 모든 가능한 경우의 수 $= \binom{10}{3}$

A가 상을 받을 경우 나머지 9명 중 2명이 상을 받게 되므로 경우의 수 $= \binom{9}{2}$

$\therefore$ A가 상을 받을 확률 $= \frac{\binom{9}{2}}{\binom{10}{3}} = 0.3$이다.

13. 세 사람 A, B, C가 가위, 바위, 보를 하는 게임에서 한 사람이 두 사람을 이기든지 (예를 들어 A가 바위를 낼 때 B와 C가 모두 가위를 내면 A가 이긴다) 또는 두 사람이 한 사람을 이기면(예를 들어 A가 바위를 낼 때 B와 C가 모두 보를 내면 A가 진다) 게임이 끝난다고 할 때 다음 확률을 구하라.

힌트 모든 가능한 경우의 수는 매번 시행에서 $3 \times 3 \times 3 = 27$이다.($\because$ A, B, C 모두 독립적으로 가위, 바위, 보의 3가지 중 하나를 선택하므로)

(a) 처음 게임에서 A가 이길 확률

해답 처음 게임에서 A가 이기는 경우는 모두 3가지이다(A가 가위 그리고 B, C가 보, A가 바위 그리고 B, C가 가위, A가 보 그리고 B, C가 바위).

$\therefore$ 처음 게임에서 A가 이길 확률 $= \frac{3}{27} = \frac{1}{9}$이다.

(b) 게임이 두 번만에 끝날 확률

해답 처음 게임에서 끝나는 경우의 수는 모두 18가지이다(A, B, C 각각이 이기는 경우 9가지, AB, AC, BC가 이기는 경우가 9가지).

두 번째 게임에서 끝나는 경우의 수도 처음 경우의 수와 동일하다.($\because$ 매번 시행이 독립이므로) 따라서 게임이 두 번만에 끝날 확률 = P(처음에 안 끝남) × P(두 번째 끝남) $=\left(1-\frac{18}{27}\right)\times\frac{18}{27}=\frac{9}{27}\times\frac{18}{27}=\frac{2}{9}$이다.

14. 불편동전을 세 번 던지는 실험에서 두 사건 A, B를 다음과 같이 정의할 때, 다음 확률을 구하라.

A : {최소한 하나의 앞면이 나타나는 경우}
B : {앞면의 수가 홀수인 경우}

힌트 $\Omega = \{HHH, HHT, HTH, THH, HTT, THT, TTH, TTT\}$
$A = \{HHH, HHT, HTH, THH, HTT, THT, TTH\}$
$B = \{HHH, HTT, THT, TTH\}$

(a) $P(A)$, $P(B)$, $P(A^C)$

해답 $P(A)=\frac{7}{8}$, $P(B)=\frac{1}{2}$, $P(A^C)=\frac{1}{8}$

(b) $P(A\cup B)$, $P(A\cap B)$

해답 $P(A\cup B)=P(A)=\frac{7}{8}$, $P(A\cap B)=P(B)=\frac{1}{2}$

(c) $P(A\mid B)$, $P(B\mid A)$

해답

$$P(A\mid B)=\frac{P(A\cap B)}{P(B)}=\frac{1/2}{1/2}=1,\ P(B\mid A)=\frac{P(A\cap B)}{P(A)}=\frac{1/2}{7/8}=\frac{8}{14}=\frac{4}{7}$$

(d) $P(A\cup B)=P(A)+P(B)-P(A\cap B)$임을 확인하라.

해답 $P(A\cup B)=\frac{7}{8}$
$P(A)+P(B)-P(A\cap B)=\frac{7}{8}+\frac{1}{2}-\frac{1}{2}=\frac{7}{8}$
$\therefore P(A\cup B)=P(A)+P(B)-P(A\cap B)$

15. 주사위 두 개를 던지는 실험에서 두 사건 A, B를 다음과 같이 정의할 때, 다음 확률을 구하라.

A : {두 주사위의 합이 짝수인 경우}　B : {첫째 주사위의 값이 4 이하인 경우}

힌트　$\Omega = \{(1, 1), (1, 2), (1, 3), \cdots\cdots, (6, 6)\}$ 모두 36가지 경우

(a) $P(A)$, $P(B)$, $P(B^C)$

해답　$P(A) = \frac{1}{2}$, 합이 짝수인 경우는 모두 18가지

$P(B) = \frac{2}{3}$, 첫 번째 주사위가 4 이하인 경우는 모두 24가지

$P(B^C) = \frac{1}{3}$

(b) $P(A \cup B)$, $P(A \cap B)$

해답　$A \cup B$는 24가지(첫 번째 주사위가 4 이하인 경우) + 7가지(첫 번째 주사위가 5 이상이며, 두 주사위 합이 짝수인 경우) = 31가지이다.

$\therefore P(A \cup B) = \frac{31}{36}$

$A \cap B$는 모두 12가지 경우가 있다.

$\therefore P(A \cap B) = \frac{12}{36} = \frac{1}{3}$

(c) $P(A \mid B)$, $P(B \mid A)$

해답　$P(A \mid B) = \frac{P(A \cap B)}{P(B)} = \frac{1/3}{2/3} = \frac{1}{2}$, $P(B \mid A) = \frac{P(A \cap B)}{P(A)} = \frac{1/3}{1/2} = \frac{2}{3}$

(d) $P(A \cap B^C)$, $P(A^C \cap B)$

해답　$P(A \cap B^C) = P(A \cap B) = \frac{1}{3} = P(A^C \cap B)$

이 경우는 $A \cap B^C$와 $A \cap B$가 서로 대칭이며, $A^C \cap B$와 $A \cap B$도 또한 서로 대칭이다.

16. 사건 A, B가 서로 독립이고 $P(A) = 0.2$, $P(B) = 0.6$이다. 확률 $P(A \mid B)$, $P(B \mid A)$, $P(A \cap B)$, $P(A \cup B)$를 각각 구하라.

해답　$P(A \mid B) = \frac{P(A \cap B)}{P(B)} = \frac{P(A)P(B)}{P(B)} = 0.2$

$P(B \mid A) = \frac{P(A \cap B)}{P(A)} = \frac{P(A)P(B)}{P(A)} = 0.6$

$P(A \cap B) = P(A)P(B) = 0.12$

$P(A \cup B) = P(A) + P(B) - P(A \cap B) = 0.2 + 0.6 - 0.12 = 0.68$

17. 새의 경우 한 특수한 유전인자가 나타날 확률이 10%라고 한다. 임의로 선택한 세 마리의 새를 관측했을 때 세 마리 모두에서 이 유전인자가 나타날 확률은 얼마인가?

해답 각각의 새에서 유전인자가 나타날 확률이 0.1이므로 $0.1 \times 0.1 \times 0.1 = 0.001$

18. 두 사람 A, B가 자동차 수리를 하는 정비공장을 이용하는 사람들 중 20%가 정비 결과에 불만을 가지며, 정비공 A가 수리한 경우에는 30% 사람들이 불만을 갖는다고 한다. 이 정비공장의 차량수리는 A가 40%, B가 60%를 담당한다고 할 때, 다음 확률을 계산하라.

힌트 $P(\text{불만}) = 0.2$, $P(\text{불만} \mid A) = 0.3$, $P(A) = 0.4$, $P(B) = 0.6$

(a) 정비 결과에 불만을 갖는 사람의 자동차를 A가 정비했을 확률

해답
$$P(A \mid \text{불만}) = \frac{P(\text{불만}, A)}{P(\text{불만})} = \frac{P(\text{불만} \mid A)P(A)}{P(\text{불만})} = \frac{0.3 \times 0.4}{0.2} = \frac{0.12}{0.2} = 0.6$$

(b) 정비 결과에 만족을 하는 사람의 자동차를 A가 정비했을 확률

해답
$$P(A \mid \text{만족}) = \frac{P(\text{만족}, A)}{P(\text{만족})} = \frac{P(\text{만족} \mid A) \cdot P(A)}{1 - P(\text{불만})} = \frac{\{1 - P(\text{불만} \mid A)\}P(A)}{1 - P(\text{불만})} = \frac{(1 - 0.3) \times 0.4}{1 - 0.2} = \frac{0.7 \times 0.4}{0.8} = \frac{0.28}{0.8} = \frac{7}{20} = 0.35$$

19. 거짓말 탐지기 조사에서 피조사자가 정직하게 말하는 경우에는 10%의 양성반응이 나타나고, 거짓말을 하는 경우에는 95%의 양성반응이 나타난다. 한 범죄에 두 사람의 혐의자가 있으며, 두 사람 중 한 사람이 범인이나 두 사람 모두 범행을 부인한다고 할 때 거짓말 탐지기가 전혀 반대로 반응을 나타낼 확률을 구하라.(즉, 범인은 음성반응, 범인이 아닌 사람은 양성반응이 나타날 확률)

힌트 정직한 경우를 A, 거짓말하는 경우를 B라 할 때 A가 양성(+)일 확률은 0.1이고 B가 양성일 확률은 0.95이다.

해답 범인은 거짓말을 하는데도 음성반응이 나타나고 범인이 아닌 사람은 진실을 말하는데도 양성반응이 나타나므로, 확률은 $0.1 \times 0.05 = 0.005$이다.

20. 땅콩버터에 대해 10%의 사람들이 알레르기 반응을 일으킨다고 한다. 한 식당에서 세 명이 땅콩버터를 먹었다고 할 때 최소한 한 사람이 알레르기 반응을 일으킬 확률을 구하라.

해답 $1 - P(\text{모두 알레르기를 일으키지 않음}) = 1 - 0.9 \times 0.9 \times 0.9$
$= 0.271$

21. 어떤 공장에서 기계 A, B, C는 모두 같은 부품을 생산하는 기계이다. 각 기계가 생산해내는 부품의 불량률은 각각 2%, 1%, 3%이다. 그리고 이 공장의 총 부품들의 생산량 중에서 기계 A가 30%, 기계 B가 20%를, 그리고 기계 C가 50%를 생산한다. 어느 날 부품 중에서 임의로 선택한 부품 하나가 불량품이라고 할 때, 그 부품이 기계 B에 의해 생산된 것일 확률을 구하라.

힌트 $P(\text{불량} \mid A) = 0.02$, $P(\text{불량} \mid B) = 0.01$, $P(\text{불량} \mid C) = 0.03$
$P(A) = 0.3$, $P(B) = 0.2$, $P(C) = 0.5$

해답 $P(B \mid \text{불량}) = \dfrac{P(B, \text{불량})}{P(\text{불량})} = \dfrac{P(\text{불량} \mid B)P(B)}{P(\text{불량})} = \dfrac{0.01 \times 0.2}{0.06} = 0.033$, 즉 33%이다.

22. 결핵 항체에 대한 반응검사를 할 경우 결핵에 걸린 사람들 중에서는 90%가 양성반응을 나타내며, 결핵에 걸리지 않은 사람도 10%의 사람이 양성반응을 나타낸다고 한다. 전 국민 중 1%의 사람들이 결핵에 감염되었다고 할 때 결핵 반응검사에서 양성반응을 나타낸 사람이 실제로 결핵에 걸렸을 확률은 얼마인가?

해답 감염된 사람 집단을 A, 감염되지 않는 사람 집단을 A^C, 양성인 사건을 $+$라 할 때,

$P(+ \mid A) = 0.9,\ P(+ \mid A^C) = 0.1,\ P(A) = 0.01,\ P(A^C) = 0.99$이다.

$$P(A \mid +) = \frac{P(+, A)}{P(+)} = \frac{P(+, A)}{P(+, A) + P(+, A^C)}$$

$$= \frac{P(+ \mid A)P(A)}{P(+ \mid A)P(A) + P(+ \mid A^C)P(A^C)}$$

$$= \frac{0.9 \times 0.01}{0.9 \times 0.01 + 0.1 \times 0.99} = \frac{0.009}{0.108} = \frac{1}{12}$$

23. 4지 선택형 문제에서 한 학생이 정답을 알고 있을 확률이 0.8이고, 정답을 임의로 선택할 확률이 0.2이며, 정답을 임의로 선택할 때 정답을 맞출 확률이 0.25라고 한다. 그 학생이 정답을 맞추었다고 할 때 정답을 임의로 선택했을 확률은 얼마인가?

해답 정답을 알고 응답하는 경우를 A, 임의로 답을 선택하는 경우를 A^C, 정답을 맞추는 경우를 B라 할 때

$P(A)=0.8,\ P(A^C)=0.2,\ P(B\mid A)=1.0, P(B\mid A^C)=0.25\left(=\frac{1}{4}\right)$이다.

$$P(A^C\mid B)=\frac{P(B,A^C)}{P(B)}=\frac{P(B,A^C)}{P(B,A)+P(B,A^C)}$$
$$=\frac{P(B\mid A^C)P(A^C)}{P(B\mid A)P(A)+P(B\mid A^C)P(A^C)}$$
$$=\frac{0.25\times0.2}{1.0\times0.8+0.25\times0.2}=\frac{0.05}{0.85}=\frac{1}{17}$$

24. 한 전기시스템의 안전장치는 다음 그림과 같이 A, B가 병렬로 연결되어 있다.

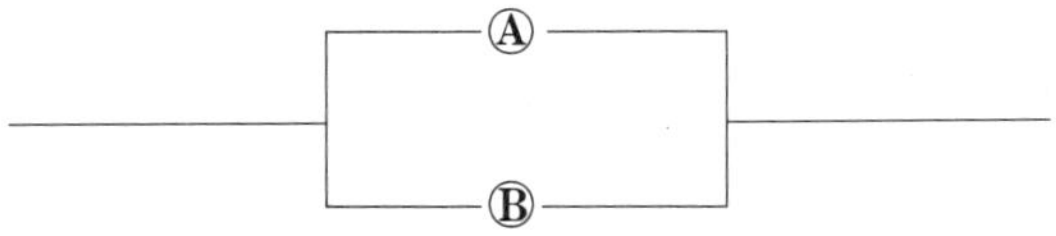

두 개의 안전장치가 연결되어 있을 확률은 A가 90%, B가 95%라고 한다. 두 개의 장치 중 하나만 연결되어 있어도 안전장치는 작동된다고 할 때 이 안전장치가 작동될 확률은 얼마인가?

해답 안전장치가 작동될 확률 $=1-P$(두 안전장치 모두 연결되지 않을 확률)

$$=1-0.1\times0.05=1-0.005=0.995$$

25. 전체 사망자 중 20%의 사망원인은 위암인 것으로 알려져 있다. 사망한 위암 환자 중 70%가 헬리코박터균 보유자이고, 위암이 아닌 다른 암으로 사망한 사람 중 20%가 헬리코박터균 보유자로 밝혀졌다. 사망자 중 헬리코박터균 보유자의 비율은 얼마인가?

해답 위암의 사건을 A로, 다른 암의 사건을 A^C라고 하자.

$P(A)=0.2,\ P(A^C)=0.8$

$P(\text{보유자}\mid A)=0.7, P(\text{보유자}\mid A^C)=0.2$

$\frac{P(\text{보유자}, A)}{P(A)}=0.7, P(\text{보유자}, A)=0.14$

$$\frac{P(\text{보유자}, A^C)}{P(A^C)} = 0.2,\ P(\text{보유자}, A^C) = 0.16$$

$P(\text{보유자}) = P(\text{보유자}, A) + P(\text{보유자}, A^C) = 0.3$, 즉 사망자 중 헬리코박터균 보유자의 비율은 30%이다.

26. 한 학과의 졸업자 50명 중, 사회조사분석사 2급 소지자는 30명이고, 사회조사분석사 2급과 빅데이터분석기사 자격증 모두 있는 사람은 3명이다. 그렇다면 임의로 한 명을 선택했을 때 사회조사분석사 자격증만 소지하고 있는 학생의 확률은 얼마인가?

해답 A를 사회조사분석사 2급을 소지할 사건, B를 빅데이터분석기사 자격증을 소지할 사건이라 하자.

$P(A) = 0.6,\ P(A \cap B) = 0.06$

$P(A \cup B) = P(A) + P(B) - P(A \cap B) = 1$

$P(B) = 0.46$. 즉, 사회조사분석사 자격증만 소지하고 있는 학생의 확률은 46%이다.

27. 한 스쿨버스가 정시에 A 정류장에 도착할 확률이 86%이고, 정시에 학교에 도착할 확률은 90%이며, 정시에 정류장과 학교에 도착할 확률은 70%라고 한다. 정시에 A 정류장에 도착했을 때 정시에 학교에 도착할 확률은 얼마인가?

해답 A 정류장에 정시에 스쿨버스가 도착할 사건을 A, 정시에 학교에 도착할 사건을 +라고 할 때 $P(A) = 0.86,\ P(+) = 0.9,\ P(A, +) = 0.7$.

$$P(+|A)\frac{P(A, +)}{P(A)} = \frac{0.7}{0.86} = 0.81$$

28. 동전과 주사위를 하나씩 동시에 던질 때 동전은 뒷면이 나오고 주사위는 5가 나올 확률을 얼마인가?

해답 $\frac{1}{2} \times \frac{1}{6} = \frac{1}{12}$

제4장 확률변수와 확률분포

Introduction to **Statistics**, Solutions

01. 확률변수 X의 확률분포가 다음과 같을 때,

X	0	1	2	3
확률	$\frac{1}{5}$	$\frac{2}{5}$	$\frac{1}{5}$	$\frac{1}{5}$

(a) X의 누적분포함수를 구하고, 이를 그림으로 표현하라.

해답

$$F(x)=\begin{cases} 0, & x<0 \\ \frac{1}{5}, & 0\le x<1 \\ \frac{3}{5}, & 1\le x<2 \\ \frac{4}{5}, & 2\le x<3 \\ 1, & 3\le x \end{cases}$$

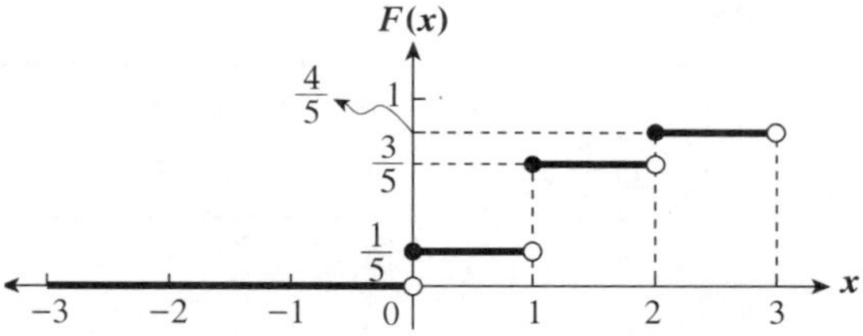

(b) X의 평균 μ_X와 분산 σ_X^2을 구하라.

해답

$$\mu_X = 0\times\frac{1}{5}+1\times\frac{2}{5}+2\times\frac{1}{5}+3\times\frac{1}{5}=\frac{7}{5}$$

$$E(X^2)=0\times\frac{1}{5}+1\times\frac{2}{5}+4\times\frac{1}{5}+9\times\frac{1}{5}=3$$

$$\sigma_X^2=E(X^2)-\mu_X^2=3-\frac{49}{25}=\frac{26}{25}$$

02. 확률변수 X의 확률분포가 다음과 같을 때,

X	−1	0	1
확률	$\frac{1}{4}$	$\frac{1}{4}$	$\frac{1}{2}$

(a) X의 누적분포함수를 구하고, 이를 그림으로 표현하라.

해답

$$F(x)=\begin{cases} 0, & x<-1 \\ \frac{1}{4}, & -1\le x<0 \\ \frac{1}{2}, & 0\le x<1 \\ 1, & 1\le x \end{cases}$$

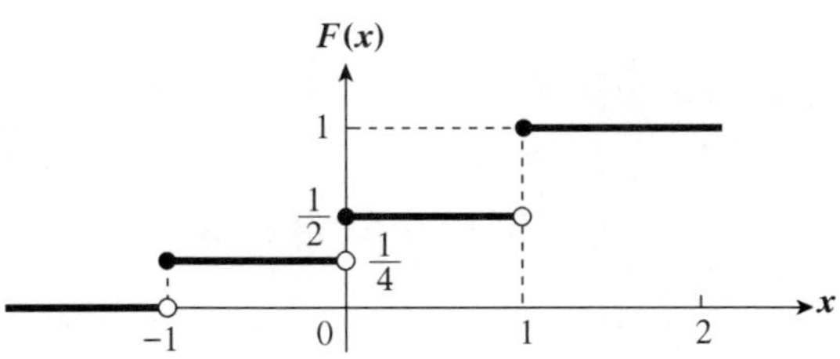

(b) X의 평균 μ_X와 분산 σ_X^2을 구하라.

해답 $\mu_X = E(X) = -1 \times \frac{1}{4} + 0 \times \frac{1}{4} + 1 \times \frac{1}{2} = \frac{1}{4}$

$E(X^2) = 1 \times \frac{1}{4} + 0 \times \frac{1}{4} + 1 \times \frac{1}{2} = \frac{3}{4}$

$\sigma_X^2 = E(X^2) - \mu_X^2 = \frac{3}{4} - \frac{1}{16} = \frac{11}{16}$

03. 한 화장품 판매직원은 제품의 테스트를 한 고객 중에서 실제로 그 화장품을 구매하는 사람의 비율이 30%라고 한다. 어느 날 세 명의 고객에게 제품 테스트를 해주었을 때(확률변수 X를 실제 계약을 체결한 사람의 수라 정의하자),

(a) X의 확률분포표를 구하라.

해답

X	0	1	2	3	계
$P(X=x)$	0.343	0.441	0.189	0.027	1

(b) X의 누적분포함수를 구하고, 이를 그림으로 표현하라.

해답

$$F(x) = \begin{cases} 0, & x < 0 \\ 0.343, & 0 \le x < 1 \\ 0.784, & 1 \le x < 2 \\ 0.973, & 2 \le x < 3 \\ 1, & 3 \le x \end{cases}$$

그림은 생략

(c) X의 평균 μ_X와 분산 σ_X^2을 구하라.

해답 $\mu_X = 0 \times 0.343 + 1 \times 0.441 + 2 \times 0.189 + 3 \times 0.027 = 0.9$

$E(X^2) = 0 \times 0.343 + 1 \times 0.441 + 4 \times 0.189 + 9 \times 0.027 = 1.44$

$\sigma_X^2 = 1.44 - (0.9)^2 = 0.63$

04. 다섯 개의 제품이 들어 있는 한 상자에 다른 회사의 제품이 두 개 들어 있다고 한다. 이 상자에서 세 개를 임의로 꺼내는 실험에서 확률변수 X를 세 개 중에 포함된 다른 회사의 제품의 수라 할 때,

힌트 모든 가능한 경우 $= \binom{5}{3} = \dfrac{5 \times 4 \times 3}{3 \times 2} = 10$

다른 회사의 제품이 0개인 경우 $= \binom{3}{3} = 1$

다른 회사의 제품이 1개인 경우 $= \binom{2}{1}\binom{3}{2} = 2 \times 3 = 6$

다른 회사의 제품이 2개인 경우 $= \binom{2}{2}\binom{3}{1} = 3$

(a) X의 확률분포표를 구하라.

해답

X	0	1	2
확률	$\frac{1}{10}$	$\frac{6}{10}$	$\frac{3}{10}$

(b) X의 누적분포함수를 구하고, 이를 그림으로 표현하라.

해답

$$F(x) = \begin{cases} 0, & 0 < x \\ \dfrac{1}{10}, & 0 \le x < 1 \\ \dfrac{7}{10}, & 1 \le x < 2 \\ 1, & 2 \le x \end{cases}$$

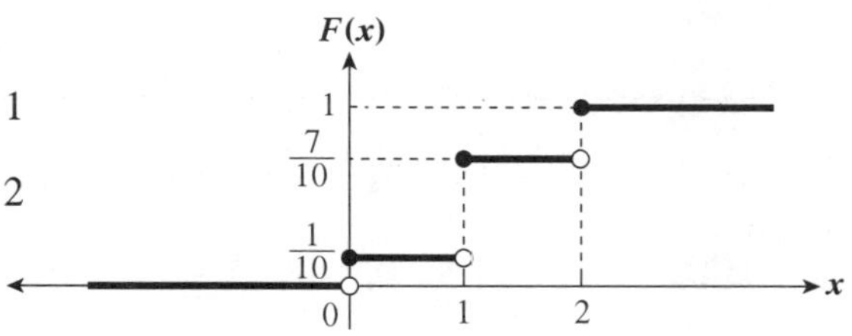

(c) X의 평균 μ_X와 분산 σ_X^2을 구하라.

해답

$$\mu_X = E(X) = 0 \times \frac{1}{10} + 1 \times \frac{6}{10} + 2 \times \frac{3}{10} = \frac{12}{10} = \frac{6}{5}$$

$$E(X^2) = 0 \times \frac{1}{10} + 1 \times \frac{6}{10} + 4 \times \frac{3}{10} = \frac{18}{10}$$

$$\sigma_X^2 = E(X^2) - \mu_X^2 = \frac{18}{10} - \frac{36}{25} = \frac{18}{50} = \frac{9}{25}$$

05. 빨간색, 노란색 공이 들어 있는 상자에서 공을 두 번 꺼내는 실험에서 확률변수 Y를

$$Y = \begin{cases} 1, & \text{두 공의 색깔이 모두 같은 경우} \\ 0, & \text{위와 같지 않은 경우} \end{cases}$$

라 정의할 때,

(a) Y의 확률분포표를 구하라.

해답

X	0	1	계
$P(Y=y)$	$\frac{1}{2}$	$\frac{1}{2}$	1

(b) Y의 평균 μ_Y와 분산 σ_Y^2을 구하라.

해답 $\mu_Y = 0 \times \frac{1}{2} + 1 \times \frac{1}{2} = \frac{1}{2}$

$E(X^2) = 0 \times \frac{1}{2} + 1 \times \frac{1}{2} = \frac{1}{2}$

$\sigma_X^2 = \frac{1}{2} - \left(\frac{1}{2}\right)^2 = \frac{1}{4}$

06. 확률변수 X의 확률분포가 다음과 같을 때,

X	0	1	2	3
확률	$\frac{1}{6}$	$\frac{1}{3}$	$\frac{1}{3}$	$\frac{1}{6}$

(a) X의 누적분포함수를 구하고, 이를 그림으로 표현하라.

해답

$$F(x) = \begin{cases} 0, & x < 0 \\ \frac{1}{6}, & 0 \le x < 1 \\ \frac{1}{2}, & 1 \le x < 2 \\ \frac{5}{6}, & 2 \le x < 3 \\ 1, & 3 \le x \end{cases}$$

그림은 생략.

(b) X의 평균 μ_X와 분산 σ_X^2을 구하라.

해답 $\mu_X = 0 \times \frac{1}{6} + 1 \times \frac{1}{3} + 2 \times \frac{1}{3} + 3 \times \frac{1}{6} = \frac{3}{2}$

$E(X^2) = 0 \times \frac{1}{6} + 1 \times \frac{1}{3} + 4 \times \frac{1}{3} + 9 \times \frac{1}{6} = \frac{19}{6}$

$\sigma_X^2 = \frac{19}{6} - \left(\frac{3}{2}\right)^2 = \frac{11}{12}$

07. 확률변수 Y의 확률분포가 다음과 같을 때,

Y	-2	-1	0	1	2
확률	$\frac{1}{8}$	$\frac{3}{8}$	$\frac{1}{8}$	$\frac{1}{8}$	$\frac{1}{4}$

(a) Y의 누적분포함수를 구하고, 이를 그림으로 표현하라.

해답

$$F(y)=\begin{cases} 0, & y<-2 \\ \frac{1}{8}, & -2\le y<-1 \\ \frac{1}{2}, & -1\le y<0 \\ \frac{5}{8}, & 0\le y<1 \\ \frac{3}{4}, & 1\le y<2 \\ 1, & 2\le y \end{cases}$$

그림은 생략.

(b) Y의 평균 μ_Y와 분산 σ_Y^2을 구하라.

해답 $\mu_Y=(-2)\times\frac{1}{8}+(-1)\times\frac{3}{8}+0\times\frac{1}{8}+1\times\frac{1}{8}+2\times\frac{1}{4}=0$

$E(X^2)=4\times\frac{1}{8}+1\times\frac{3}{8}+0\times\frac{1}{8}+1\times\frac{1}{8}+4\times\frac{1}{4}=\frac{17}{8}$

$\sigma_X^2=\frac{17}{8}-0=\frac{17}{8}$

08. 확률변수 X가 $-2<x<2$ 사이에서 균등한 분포를 가질 때,

(a) X의 확률분포를 그림으로 표현하라.

해답 $f(x)=\begin{cases}\frac{1}{4}, & -2\le x\le 2 \\ 0, & \text{다른 곳에서}\end{cases}$

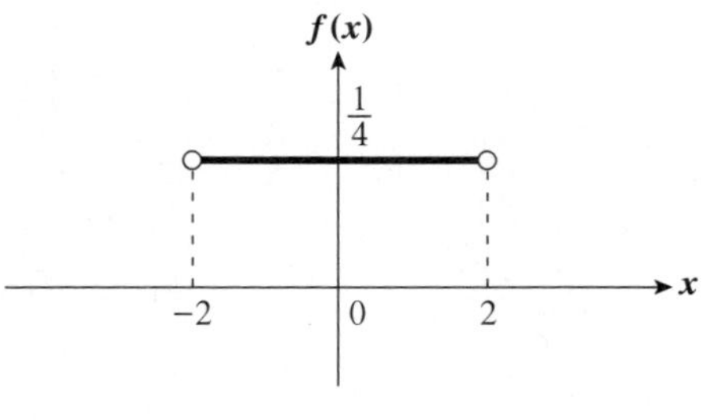

(b) X의 평균 μ_X와 분산 σ_X^2을 구하라.

해답 평균 : $\mu_X=E(X)=\int_{-2}^{2}\frac{1}{4}xdx=\left[\frac{1}{8}x^2\right]_{-2}^{2}=0$

$E(X^2)=\int_{-2}^{2}\frac{1}{4}x^2dx=\frac{1}{12}\left[x^3\right]_{-2}^{2}=\frac{4}{3}$

분산 : $\sigma_X^2=E(X^2)-\mu_X^2=\frac{4}{3}$

(c) X의 누적분포함수를 구하고, 이를 그림으로 표현하라.

해답

$$F(x) = \begin{cases} 0, & x < -2 \\ \frac{1}{4}x + \frac{1}{2}, & -2 \le x < 2 \\ 1, & x \ge 2 \end{cases}$$

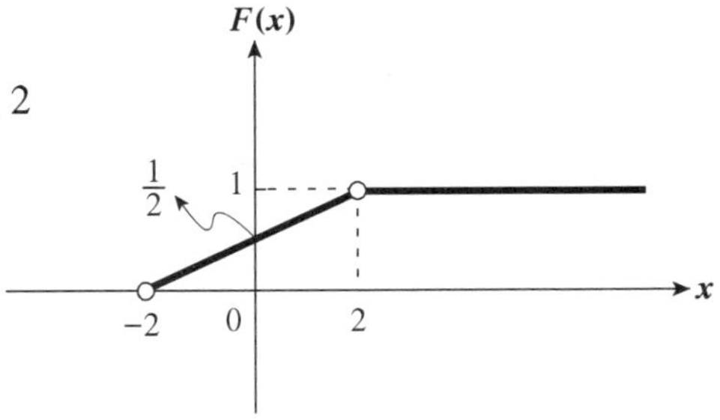

(d) $|X| > \frac{1}{4}$이 주어졌을 때 $X > \frac{3}{4}$에 대한 조건부 확률을 구하라.

해답

$$P_r\left(X > \frac{3}{4} \Big| |X| > \frac{1}{4}\right) = \frac{P_r\left(X > \frac{3}{4}, |X| > \frac{1}{4}\right)}{P_r\left(|X| > \frac{1}{4}\right)} = \frac{P_r\left(X > \frac{3}{4}\right)}{P_r\left(|X| > \frac{1}{4}\right)} = \frac{\frac{1}{16}}{\frac{7}{8}} = \frac{1}{14}$$

(e) $P\left(X^2 \le \frac{1}{4}\right)$을 계산하라.

해답 $P_r\left(X^2 \le \frac{1}{4}\right) = P_r\left(|X| \le \frac{1}{2}\right) = P_r\left(-\frac{1}{2} \le X \le \frac{1}{2}\right) = \frac{1}{4}$

(f) $P_r\left(X^2 \le y\right)$를 $0 < y < 1$에 대해 y의 함수로 표현하라.

해답 $P_r\left(X^2 \le y\right) = P_r\left(|X| \le \sqrt{y}\right) = P_r\left(-\sqrt{y} \le X \le \sqrt{y}\right) = \int_{-\sqrt{y}}^{\sqrt{y}} \frac{1}{4}\,dx = \frac{1}{2}\sqrt{y}$

(g) 확률변수 Y를 $Y \equiv X^2$으로 정의할 때 Y의 확률밀도함수를 구하라.

해답 $F_Y(y) = P_r(Y \le y) = P_r(X^2 \le y) = \frac{1}{2}\sqrt{y}$

$$\therefore f_Y(y) = \frac{d}{dy}F(y) = \frac{d}{dy}\left(\frac{1}{2}\sqrt{y}\right) = \frac{1}{4\sqrt{y}},\ 0 < y < 4$$

$$f_Y(y) = \begin{cases} \frac{1}{4\sqrt{y}}, & 0 \le y \le 4 \\ 0, & \text{다른 곳에서} \end{cases}$$

09. 확률변수 X의 확률밀도함수가 다음과 같을 때,

$$f(x) = \begin{cases} \frac{1}{6}x, & 0 \le x \le 3 \\ 0, & \text{다른 곳에서} \end{cases}$$

※ 문제 오류로 다음 개정판에서 수정 예정

(a) X의 확률분포를 그림으로 표현하라.

해답

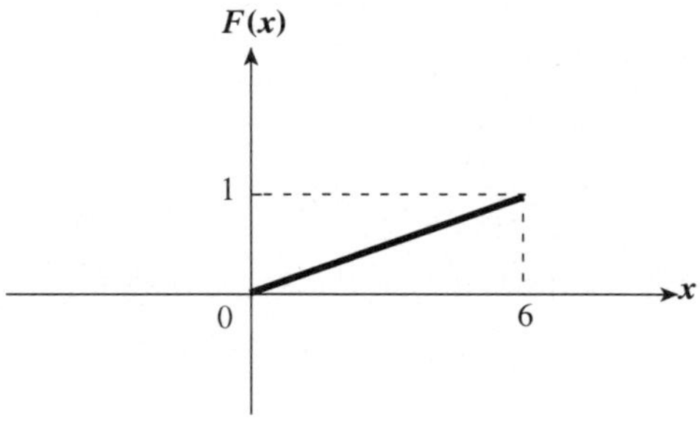

(b) X의 평균 μ_X와 분산 σ_X^2을 구하라.

해답 $\mu_X = E(X) = \int_0^3 \frac{1}{6}x \cdot xdx = \int_0^3 \frac{1}{6}x^2 = \frac{1}{18}\left[x^3\right]_0^3 = \frac{3}{2}$

$E(X^2) = \int_0^3 \frac{1}{6}x^3 dx = \frac{1}{24}\left[x^4\right]_0^3 = \frac{27}{8}$

$\sigma_X^2 = E(X^2) - \mu_X^2 = \frac{27}{8} - \left(\frac{3}{2}\right)^2 = \frac{9}{8}$

(c) X의 누적분포함수를 구하고, 이를 그림으로 표현하라.

해답

$$F(x) = \begin{cases} 0, & x < 0 \\ \frac{1}{12}x^2, & 0 \le x < 3 \\ 1, & x \ge 3 \end{cases}$$

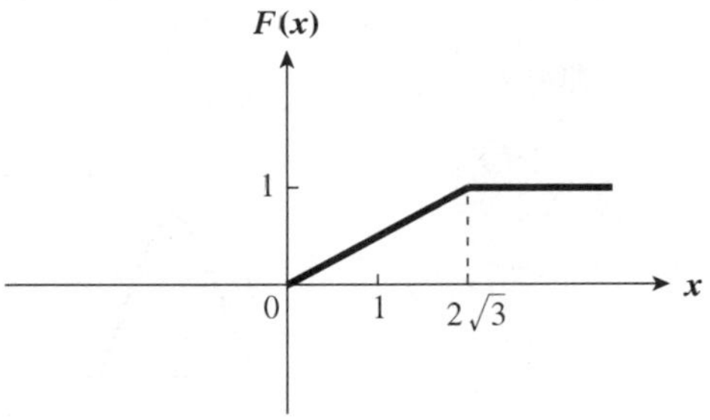

(d) $P_r(X > 15)$을 계산하라.

해답 $P_r(X > 1) = \int_1^3 \frac{1}{6}xdx = \frac{1}{12}\left[x^2\right]_1^3 = \frac{1}{12}(9-1) = \frac{2}{3}$

(e) $X > 1$이 주어졌을 때 $X > \frac{3}{2}$에 대한 조건부 확률을 구하라.

해답 $P_r\left(X > \frac{3}{2} \mid X > 1\right) = \dfrac{P_r\left(X > \frac{3}{2}\right)}{P_r(X > 1)} = \dfrac{\frac{27}{28}}{\frac{2}{3}} = \frac{87}{56}$

(f) 확률변수 Y를 $Y \equiv X^2$으로 정의할 때 Y의 확률밀도함수를 구하라.

해답 $F_Y(y) = P_r(Y \le y) = P_r(X^2 \le y) = P_r(|X| \le \sqrt{y})$

$= P_r(-\sqrt{y} \le X \le \sqrt{y}) = P_r(0 \le X \le \sqrt{y})$

(X는 음수값에서는 확률이 0임)

$= \int_0^{\sqrt{y}} \frac{1}{6} x dx = \frac{1}{12}\left[x^2\right]_0^{\sqrt{y}} = \frac{1}{12} y,\ 0 \le y \le 9$

(X의 최대값이 2이므로 $\sqrt{y} = x$에 의해 y의 최대값은 9이다)

$F_Y(y) = \frac{d}{dy} F(y) = \frac{d}{dy}(\frac{1}{12} y) = \frac{1}{12},\ 0 \le y \le 9$

$$f(y) = \begin{cases} \frac{1}{12}, & 0 \le y \le 9 \\ 0, & \text{다른 곳에서} \end{cases}$$

10. 확률변수 X의 확률밀도함수가 다음과 같을 때,

$$f(x) = \begin{cases} 6x(1-x), & 0 < x < 1 \\ 0, & \text{다른 곳에서} \end{cases}$$

(a) X의 확률분포를 그림으로 표현하라.

해답

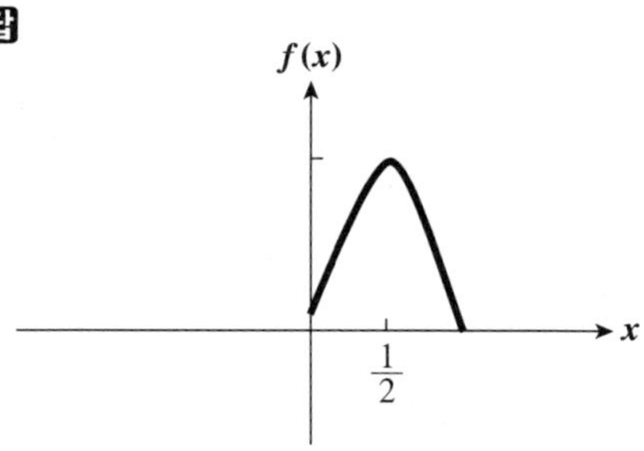

(b) X의 누적분포함수를 구하고, 이를 그림으로 표현하라.

해답

$$F(x) = \begin{cases} 0, & 0 < x \\ \frac{3}{1} x^2 - 2x^3, & 0 \le x < 1 \\ 1, & 1 \le x \end{cases}$$

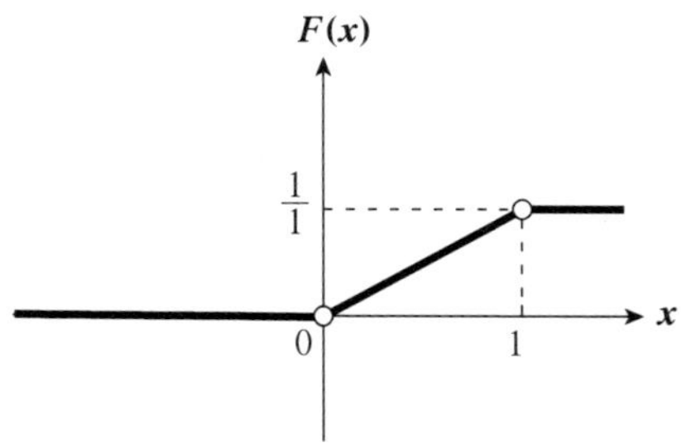

(c) X의 평균 μ_X와 분산 σ_X^2을 구하라.

해답 $\mu_X = \frac{1}{2}, \sigma_X^2 = \frac{1}{20}$

11. 확률변수 X의 누적분포함수($c.d.f$)가 다음과 같을 때,

$$F(x) = \begin{cases} 0, & x < 0 \\ \sin x, & 0 \le x \le \frac{\pi}{2} \\ 1, & x \ge \frac{\pi}{2} \end{cases}$$

(a) X의 확률밀도함수를 구하라.

해답 $f(x) = \frac{d}{dx}F(x) = \cos x,\ 0 < x < \frac{\pi}{2}$

$$\therefore f(x) = \begin{cases} \cos x, & 0 < x < \frac{\pi}{2} \\ 0, & \text{다른 곳에서} \end{cases}$$

(b) X의 평균 μ_X를 구하라.

해답 $\mu_X = E(x) = \int_0^{\frac{\pi}{2}} x \cdot \cos x\, dx = [x \cdot \sin x]_0^{\frac{\pi}{2}} - \int_0^{\frac{\pi}{2}} x dx$

$$= \left(\frac{\pi}{2} \cdot \sin\frac{\pi}{2} - 0\right) + [\cos x]_0^{\frac{\pi}{2}} = \frac{\pi}{2} + (0-1) = \frac{\pi}{2} - 1$$

12. 두 확률변수 X와 Y의 결합확률분포함수가 다음과 같을 때,

X \ Y	1	2	3
0	$\frac{1}{10}$	$\frac{1}{5}$	$\frac{1}{10}$
1	$\frac{1}{10}$	0	$\frac{1}{10}$
2	$\frac{1}{10}$	$\frac{1}{10}$	$\frac{1}{5}$

(a) X와 Y의 주변확률분포를 구하라.

해답

X의 주변확률분포

X	0	1	2	계
확률	$\frac{2}{5}$	$\frac{1}{5}$	$\frac{2}{5}$	1

Y의 주변확률분포

Y	1	2	3	계
확률	$\frac{3}{10}$	$\frac{3}{10}$	$\frac{4}{10}$	1

(b) $E(X+Y)$를 구하라.

해답 $E(X) = 0 \times \frac{2}{5} + 1 \times \frac{1}{5} + 2 \times \frac{2}{5} = 1$

$E(Y) = 1 \times \frac{3}{10} + 2 \times \frac{3}{10} + 3 \times \frac{4}{10} = \frac{21}{10}$

$E(X+Y) = E(X) + E(Y) = 1 + \frac{21}{10} = \frac{31}{10}$

(c) $\mathrm{Cov}(X, Y)$를 구하라.

해답 $Cov(X, Y) = E(XY) - E(X) \cdot E(Y) = \frac{22}{10} - 1 \cdot \frac{21}{10} = \frac{1}{10}$

(d) X와 Y가 독립인가를 보여라.

해답 $P_r(X=1) = \frac{1}{5}$, $P_r(Y=0) = \frac{3}{10}$, $P_r(X=1, Y=1) = \frac{1}{10}$이다.

$P_r(X=1, Y=1) \neq P_r(X=1) \cdot P_r(Y=1)$이므로 X와 Y는 서로 독립이 아니다.

13. 한 대학교 경제학과 졸업생들의 취업현황을 파악하고자 졸업생 200명을 무작위로 택하여 졸업한 지 1년 미만인지 여부와 직업 유 · 무를 조사하여 다음 표와 같은 정보를 얻었다.

졸업 후 기간	직업 있음	직업 없음	합계
1년 이상	130	20	150
1년 미만	30	20	50
합계	160	40	200

힌트 A를 직업이 있는 사건, B를 1년 미만인 사건으로 보아서

(a) 200명 중 임의로 택한 한 졸업생이 직업이 있다. 이 졸업생의 졸업 후 기간이 1년 미만일 확률은?

해답 $P(A \mid B) = \frac{30}{160}$

(b) 무작위로 택하여진 한 졸업생이 직업이 있으며, 졸업한 지 1년 미만일 확률은?

해답 $P(A \cap B) = \frac{30}{200}$

(c) (a)와 (b)의 답이 차이가 나는 이유를 설명하라.

해답 (a)는 B에 대한 조건부 확률이고, (b)는 두 사건의 교집합 확률이므로 차이가 난다.

(d) 직업이 있는 것과 졸업 후 기간이 1년 미만인 것이 통계적으로 독립인가?

해답 $P(A \cap B) = \frac{30}{200} \neq \frac{13}{32} = \frac{130}{160} \times \frac{20}{40} = P(A)P(B)$
이에 따라서 독립이 아니다.

14. 두 확률변수 X와 Y의 결합확률분포함수가 다음과 같을 때,

X \ Y	2	3	4
0	$\frac{1}{8}$	0	$\frac{1}{8}$
1	$\frac{1}{4}$	$\frac{1}{8}$	0
2	0	$\frac{1}{4}$	$\frac{1}{8}$

(a) X와 Y의 주변확률분포를 구하라.

해답

X의 주변확률분포(⇒ 각 행의 합)

X	0	1	2	계
확률	$\frac{1}{4}$	$\frac{3}{8}$	$\frac{3}{8}$	1

Y의 주변확률분포(⇒ 각 열의 합)

Y	2	3	4	계
확률	$\frac{3}{8}$	$\frac{3}{8}$	$\frac{1}{4}$	1

(b) $E(X+Y)$를 구하라.

해답 $E(X) = 0 \times \frac{1}{4} + 1 \times \frac{3}{8} + 2 \times \frac{3}{8} = \frac{9}{8}$

$E(Y) = 2 \times \frac{3}{8} + 3 \times \frac{3}{8} + 4 \times \frac{1}{4} = \frac{23}{8}$

$E(X+Y) = E(X) + E(Y) = \frac{9}{8} + \frac{23}{8} = \frac{32}{8}$

(c) Cov(X, Y)를 구하라.

해답

$X \cdot Y$의 확률분포

$X \cdot Y$	0	2	3	4	6	8
확률	$\frac{1}{4}$	$\frac{1}{4}$	$\frac{1}{8}$	0	$\frac{1}{4}$	$\frac{1}{8}$

$$Cov(X, Y) = E(XY) - E(X) \cdot E(Y) = \frac{27}{8} - \frac{9}{8} \cdot \frac{23}{8} = \frac{9}{8}$$

(d) X와 Y가 독립인가를 보여라.

해답 $P_r(X=0) = \frac{1}{4}$, $P_r(Y=0) = \frac{3}{8}$, $P_r(X=0, Y=0) = \frac{1}{4}$이다.

$P_r(X=0, Y=0) \neq P_r(X=0) \cdot P_r(Y=0)$이므로 X와 Y는 서로 독립이 아니다.

15. 동전 세 개를 던지는 실험에서 확률변수 X는 '앞면의 수', 그리고 확률변수 Y는 '뒷면의 수'라 할 때,

(a) X와 Y의 결합확률분포함수를 구하라.

해답

X \ Y	0	1	2	3	계
0	0	0	0	$\frac{1}{8}$	$\frac{1}{8}$
1	0	0	$\frac{3}{8}$	0	$\frac{3}{8}$
2	0	$\frac{3}{8}$	0	0	$\frac{3}{8}$
3	$\frac{1}{8}$	0	0	0	$\frac{1}{8}$
계	$\frac{1}{8}$	$\frac{3}{8}$	$\frac{3}{8}$	$\frac{1}{8}$	1

(b) X와 Y의 주변확률분포를 구하라.

해답

X의 주변확률분포

X	0	1	2	3	계
확률	$\frac{1}{8}$	$\frac{3}{8}$	$\frac{3}{8}$	$\frac{1}{8}$	1

Y의 주변확률분포

Y	0	1	2	3	계
확률	$\frac{1}{8}$	$\frac{3}{8}$	$\frac{3}{8}$	$\frac{1}{8}$	1

(c) $E(X+Y)$와 $E(X-Y)$를 구하라.

해답 $E(X) = 0 \times \frac{1}{8} + 1 \times \frac{3}{8} + 2 \times \frac{3}{8} + 3 \times \frac{1}{8} = 1.5$

$E(Y) = 0 \times \frac{1}{8} + 1 \times \frac{3}{8} + 2 \times \frac{3}{8} + 3 \times \frac{1}{8} = 1.5$

$E(X+Y) = E(X) + E(Y) = 3$

$E(X-Y) = E(X) - E(Y) = 0$

16. 동전 세 개를 던지는 실험에서 확률변수 X는 '앞면의 수'를 나타내고, 확률변수 Y는

$$Y = \begin{cases} 1, & \text{첫째 동전이 앞면인 경우} \\ 0, & \text{첫째 동전이 앞면이 아닌 경우} \end{cases}$$

와 같다고 할 때,

(a) X와 Y의 결합확률분포함수를 구하라.

해답

X \ Y	0	1	계
0	$\frac{1}{8}$	0	$\frac{1}{8}$
1	$\frac{2}{8}$	$\frac{1}{8}$	$\frac{3}{8}$
2	$\frac{1}{8}$	$\frac{2}{8}$	$\frac{3}{8}$
3	0	$\frac{1}{8}$	$\frac{1}{8}$
계	$\frac{1}{2}$	$\frac{1}{2}$	1

(b) X와 Y의 주변확률분포함수를 구하라.

해답

X의 주변확률분포

X	0	1	2	3
확률	$\frac{1}{8}$	$\frac{3}{8}$	$\frac{3}{8}$	$\frac{1}{8}$

Y의 주변확률분포

Y	0	1	계
확률	$\frac{1}{2}$	$\frac{1}{2}$	1

(c) $E(X+Y)$와 $E(X-Y)$를 구하라.

해답 $E(X) = 0 \times \frac{1}{8} + 1 \times \frac{3}{8} + 2 \times \frac{3}{8} + 3 \times \frac{1}{8} = 1.5$

$E(Y) = 0 \times \frac{1}{2} + 1 \times \frac{1}{2} = 0.5$

$E(X+Y) = E(X) + E(Y) = 2.0$

$E(X-Y) = E(X) - E(Y) = 1.0$

(d) X와 Y의 분산을 구하라.

해답 $E(X^2) = 0 \times \frac{1}{8} + 1 \times \frac{3}{8} + 4 \times \frac{3}{8} + 9 \times \frac{1}{8} = 3$

$E(Y^2) = 0 \times \frac{1}{2} + 1 \times \frac{1}{2} = 0.5$

$\sigma_X^2 = E(X^2) - [E(X)]^2 = 3 - 1.5^2 = 0.75$

$\sigma_Y^2 = E(Y^2) - [E(Y)]^2 = 0.5 - 0.5^2 = 0.25$

(e) X와 Y의 공분산을 구하라.

해답

$X \cdot Y$의 확률분포

$X \cdot Y$	0	1	2	3
확률	$\frac{1}{2}$	$\frac{1}{8}$	$\frac{2}{8}$	$\frac{1}{8}$

$E(XY) = 0 \times \frac{1}{2} + 1 \times \frac{1}{8} + 2 \times \frac{2}{8} + 3 \times \frac{1}{8} = 1$

$Cov(X, Y) = E(XY) - E(X) \cdot E(Y) = 1 - 1.5 \times 0.5 = 0.25$

(f) X와 Y가 독립인가를 보여라.

해답 $P_r(X=0)=\frac{1}{8}$, $P_r(Y=0)=\frac{1}{2}$, $P_r(X=0, Y=0)=\frac{1}{8}$이다.
$P_r(X=0, Y=0) \neq P_r(X=0) \cdot P_r(Y=0)$이므로 X와 Y는 독립이 아니다.

17. 두 확률변수 X와 Y가 서로 독립이며 각각 (0, 1)에서 균등한 분포를 갖는다고 할 때,

(a) X와 Y의 결합확률분포함수를 구하라.

해답

$$f(x, y)=\begin{cases}1, & 0 \le x \le 1,\ 0 \le y \le 1 \\ 0, & \text{다른 곳에서}\end{cases}$$

(b) $E(XY)=E(X) \cdot E(Y)$임을 보여라.

해답 $f(x)=1,\ 0 \le x \le 1$이고, $f(y)=1,\ 0 \le y \le 1$이다.

$$E(X)=E(Y)=\int_0^1 1 \cdot x dx=\frac{1}{2}\left[x^2\right]_0^1=\frac{1}{2}$$

$$E(XY)=\int_0^1\int_0^1 x \cdot y 1 dxdy=\left[\int_0^1 xdx\right] \cdot \left[\int_0^1 ydy\right]$$

$$=\left[\frac{1}{2}x\right]_0^1 \cdot \left[\frac{1}{2}y\right]_0^1=\frac{1}{2} \cdot \frac{1}{2}=\frac{1}{4}$$

$$\therefore E(XY)=\frac{1}{4}=E(X) \cdot E(Y)$$

18. 대학생이 한 기업의 인적성검사에서 합격할 확률은 0.6이라고 한다. 이번 공채에서 10명의 학생이 인적성검사에 응시하였을 때 많아야 2명이 시험에 합격할 확률을 구하라.

해답 $P(X=0)+P(X=1)+P(X=2) \fallingdotseq 0.0123$

19. 한 투자에서 100만원의 이익이 있을 확률이 0.55, 50만원의 이익이 있을 확률이 0.20, 그리고 100만원의 손실이 있을 확률이 0.25라 할 때 이 투자의 기대이익은 얼마인가?

해답 기대이익 $=100 \times 0.55+50 \times 0.20+(-100) \times 0.25=40$(만원)

20. X의 확률밀도함수가 다음과 같다.

$$f(x) = c(7x^2 - 3x),\ 1 < x < 3$$

상수 c값과 X의 평균, 분산을 구하라.

해답 $\int_1^3 c(7x^2 - 3x)\,dx = 1$이므로 $c\left[\frac{7}{3}x^3 - \frac{3}{2}x^2\right]_1^3 = 1,\ c = \frac{3}{146}$이다.

$E(X) = \int_1^3 \frac{3}{146}x(7x^2 - 3x)\,dx$

$E(X^2) = \int_1^3 \frac{3}{146}x^2(7x^2 - 3x)\,dx$

$Var(X) = E(X^2) - E(X)^2$에 의해 계산

21. 3이 나올 때까지 동전을 던지는 시행의 확률변수를 정의하고, 누적분포함수를 그려라.

해답 숫자 3이 나오면 T, 나오지 않을 경우를 F로 표시하면 표본공간은 $\Omega = \{T, FT, FFT, FFFT, FFFFT, \cdots\}$가 된다. 숫자 3이 나올 때까지의 시행 횟수를 X라 하면,

표본	T	FT	FFT	$FFFT$	$FFFFT$	$\cdots$
X	1	2	3	4	5	$\cdots$
확률	$\frac{1}{6}$	$\left(\frac{5}{6}\right)^1\frac{1}{6}$	$\left(\frac{5}{6}\right)^2\frac{1}{6}$	$\left(\frac{5}{6}\right)^3\frac{1}{6}$	$\left(\frac{5}{6}\right)^4\frac{1}{6}$	$\cdots$

확률변수가 취할 수 있는 값이 무수히 많다.

누적분포함수

$$F(X) = \begin{cases} 0, & x < 0 \\ \frac{1}{6}, & 0 \le x \le 1 \\ \frac{11}{36}, & 1 \le x \le 2 \\ \cdots & \\ 1, & x > n \end{cases}$$

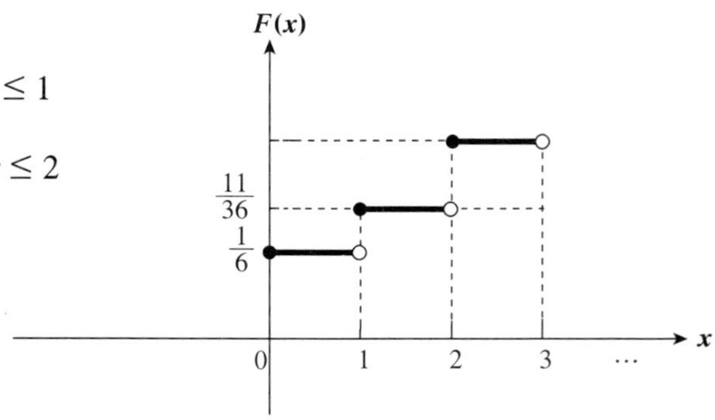

제5장 이산형 확률분포

Introduction to **Statistics**, Solutions

01. 확률변수 X가 이항분포 $B(n, p)$를 따를 때 다음 각 경우에 대한 확률을 구하라.

힌트 이항확률분포를 이용해 구한다.

(a) $n = 4, p = 0.5, X = 2$

해답 $P_r(X = 2) = \binom{4}{2} 0.5^2 \cdot 0.5^2 = 6 \times 0.5^4$

(b) $n = 3, p = 0.1, X = 3$

해답 $P_r(X = 3) = \binom{3}{3} 0.1^3 = 0.1^3$

(c) $n = 2, p = 0.3, X = 0$

해답 $P_r(X = 0) = \binom{2}{0} 0.3^0 \cdot 0.7^2 = 0.7^2$

(d) $n = 4, p = 0.4, X = 3$

해답 $P_r(X = 3) = \binom{4}{3} 0.4^3 \cdot 0.6^1 = 4 \times 0.4^3 \times 0.6$

(e) $n = 3, p = 0.3, X = 1$

해답 $P_r(X = 1) = \binom{3}{1} 0.3^1 \cdot 0.7^2 = 3 \times 0.3 \times 0.7^2$

(f) $n = 2, p = 0.3, X = 1$

해답 $P_r(X = 1) = \binom{2}{1} 0.3^1 \cdot 0.7^1 = 2 \times 0.3 \times 0.7$

02. 확률변수 X가 이항분포 $B(n, p)$를 따를 때 〈부록 VI〉의 [표 1]을 이용해 다음 각 확률을 구하라.

(a) $P_r(X = 2)$, $n = 10$, $p = 0.1$

해답 $P_r(X = 2) = P_r(X \leq 2) - P_r(X \leq 1) = 0.930 - 0.736 = 0.194$

(b) $P_r(X = 8)$, $n = 10$, $p = 0.1$

해답 $P_r(X = 8) = P_r(X \leq 8) - P_r(X \leq 7) = 1.00 - 1.00 = 0.0$

(c) $P_r(X \leq 5)$, $n = 15$, $p = 0.4$

해답 $P_r(X \leq 5) = 0.403$

(d) $P_r(X > 1)$, $n = 5$, $p = 0.5$

해답 $P_r(X > 1) = 1 - P_r(X \leq 1) = 1 - 0.188 = 0.812$

(e) $P_r(X < 10)$, $n = 25$, $p = 0.8$

해답 $P_r(X < 10) = P_r(X \leq 9) = 0.0$

(f) $P_r(X \geq 10)$, $n = 15$, $p = 0.9$

해답 $P_r(X \geq 10) = 1 - P_r(X \leq 9) = 1 - 0.002 = 0.998$

(g) $P_r(X = 2)$, $n = 20$, $p = 0.6$

해답 $P_r(X = 2) = P_r(X \leq 2) - P_r(X \leq 1) = 0.0 - 0.0 = 0.0$

(h) $P_r(X = 10)$, $n = 20$, $p = 0.6$

해답 $P_r(X = 10) = P_r(X \leq 10) - P_r(X \leq 9) = 0.245 - 0.128 = 0.117$

03. 확률변수 X가 다음과 같은 모수를 갖는 이항분포를 따른다고 할 때 X의 평균과 분산을 구하라.

힌트 $X \sim B(n, p)$일 때 $\mu_X = np$, $\sigma_X^2 = np(1-p)$이다.

(a) $n = 20$, $p = 0.2$

해답 $\mu_X = 20 \times 0.2 = 4$ $\qquad \sigma_X^2 = 20 \times 0.2 \times 0.8 = 3.2$

(b) $n = 20$, $p = 0.8$

해답 $\mu_X = 20 \times 0.8 = 16$ $\qquad \sigma_X^2 = 20 \times 0.8 \times 0.2 = 3.2$

(c) $n = 100$, $p = 0.5$

해답 $\mu_X = 100 \times 0.5 = 50$ $\qquad \sigma_X^2 = 100 \times 0.5 \times 0.5 = 25$

(d) $n = 100$, $p = 0.2$

해답 $\mu_X = 100 \times 0.2 = 20$ $\qquad \sigma_X^2 = 100 \times 0.2 \times 0.8 = 16$

(e) $n = 50$, $p = 0.2$

해답 $\mu_X = 50 \times 0.2 = 10$ $\qquad \sigma_X^2 = 50 \times 0.2 \times 0.8 = 8$

(f) $n = 500$, $p = 0.01$

해답 $\mu_X = 500 \times 0.01 = 5$ $\qquad \sigma_X^2 = 500 \times 0.01 \times 0.99 = 4.95$

04. 확률변수 X가 이항분포 $B(10, 0.5)$를 따른다고 할 때,

힌트 $X \sim B(10, 0.5)$

(a) 평균 μ, 분산 σ^2, 그리고 표준편차 σ를 구하라.

해답 $\mu = 10 \times 0.5 = 5$ $\qquad \sigma^2 = 10 \times 0.5 \times 0.5 = 2.5$

$\sigma = \sqrt{\sigma^2} = \sqrt{2.5} = 1.58$

(b) 〈부록 VI〉의 [표 1]을 이용해 $X = 0, 1, 2, \cdots, 10$에 대한 확률분포표를 구하고, 이를 그림으로 표현하라.

해답

X	0	1	2	3	4	5	6	7	8	9	10
확률	0.001	0.01	0.044	0.117	0.205	0.246	0.205	0.117	0.044	0.01	0.001

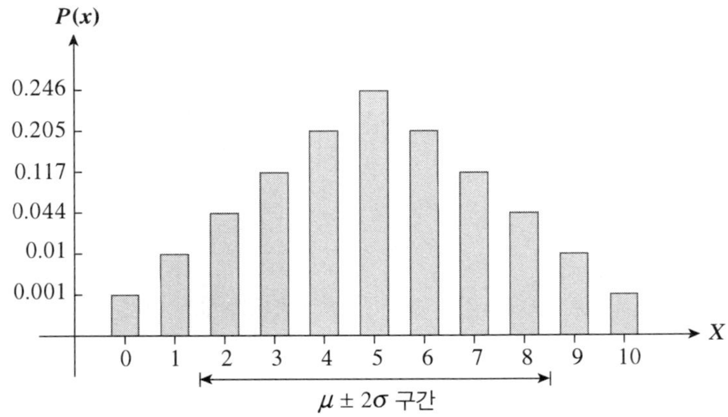

(c) (b)의 그림에 $\mu \pm 2\sigma$ 구간을 표시하고, X가 그 구간 안에 있을 확률을 구하라.

해답 $\mu \pm 2\sigma = 5 \pm 3.16 = (1.84, 8.16)$

따라서 $\mu \pm 2\sigma$ 구간의 확률은 X의 (2, 3, 4, 5, 6, 7, 8)의 확률이며, $0.044 + 0.117 + \cdots + 0.117 + 0.044 = 0.978$이다. 이 값은 이론적으로 $\mu \pm 2\sigma$ 사이에 존재하는 확률 0.95보다 약간 큰데, 이는 이항분포가 이산형이고 위의 구간이 연속형인 정규분포로부터 유도되기 때문이다.

05. 이항분포($B(n, p)$)하는 확률변수 X의 평균이 16이고 표준편차가 $2\sqrt{2}$라면 n의 값은 얼마인가?

해답 $n = 32$

06. 한 화장품 회사 제품의 시장점유율이 20%라 할 때 소비자 중 임의로 10명을 뽑았을 경우 이 중 2명이 이 회사의 제품을 사용할 확률을 구하라.

해답 X = 10명 중 이 화장품 회사 제품을 사용하는 사람 수

$X \sim B(10, 0.2)$

$$P(X=2)=\binom{10}{2}(0.2)^2(0.8)^8=0.302$$

07. 한 야구선수가 안타를 칠 확률이 30%라고 할 때 이 야구선수가 세 번째 시도에서 안타를 칠 확률은 얼마인가?

힌트 $p=\frac{3}{10}$인 이항분포 모형이다.

해답 P_r(첫 번째 실패, 두 번째 실패, 세 번째 성공)

$$=\frac{7}{10}\times\frac{7}{10}\times\frac{3}{10}=\frac{147}{1,000}$$

08. 한 병원의 외과 수술팀이 수술에서 85%의 성공률을 기록하고 있다고 할 때,

힌트 $p=0.85$인 이항분포 모형이다.

(a) 10명의 환자를 수술할 때 수술이 성공할 환자 수의 기댓값은 얼마인가?

해답 $E(X)=np=10\times0.85=8.5$

(b) 10명의 환자를 수술할 때 최소한 8명의 환자 수술이 성공할 확률은 얼마인가?

해답 $P_r(X\geq 8)=\sum_{k=8}^{10}\binom{10}{k}(0.85)^k(0.15)^{10-k}=0.820$

(c) 처음 세 환자의 수술이 성공하고 네 번째 환자의 수술이 실패할 확률은 얼마인가?

해답 P_r(첫 번째 성공, 두 번째 성공, 세 번째 성공, 네 번째 실패)

$$=0.85\times0.85\times0.85\times0.15=0.0921$$

09. 한 영어학원에서 매일 실시하는 영단어 시험에서 20%의 학생들이 Fail 점수를 받는다고 한다. 30명이 있는 A반에서 Fail 점수를 받을 학생들 수의 평균과 분산을 구하여라.

힌트 $X\sim(30, 0.2)$ 문제이다.

해답 $E(X)=30\times0.2=6,\ Var(X)=30\times0.2\times0.8=4.8$

10. 한 군사시설 주위에 4개의 레이더 장치가 있는데, 각각의 레이더 장치의 작동은 서로 독립이며, 각 레이더 장치가 이상한 물체의 접근을 감지할 확률은 0.9라고 한다. 이상한 물체가 접근할 때 최소한 한 대 이상의 레이더가 감지할 확률은 얼마인가?

해답 최소한 한 개 이상 감지할 확률 = 1 − 모두 감지 못할 확률

$= 1 - 0.1^4 = 0.9999$

11. 확률변수 X가 기하분포 Geometric(p)를 따른다고 할 때, 다음 각 경우에 대한 확률, 평균과 분산을 구하라.

(a) $X = 5,\ p = 0.2$

해답 $P_r(X = 5) = 0.8^4 \times 0.2 = 0.08192$

(b) $X = 3,\ p = 0.6$

해답 $P_r(X = 3) = 0.6^2 \times 0.4 = 0.0117$

(c) $p = 0.5$

해답 $E(X) = \frac{1}{0.5} = 2$ $\quad$ $Var(X) = \frac{0.5}{0.5^2} = 2$

(d) $p = 0.7$

해답 $E(X) = \frac{1}{0.7} = 1.428$ $\quad$ $Var(X) = \frac{0.3}{0.7^2} = 0.612$

12. 한 공장에서 생산된 블루투스 마우스의 불량률이 25%라고 한다. 이 공장에서 생산된 마우스를 무작위로 골라 테스트 할 때, 네 번째로 고른 마우스가 처음으로 컴퓨터와 연결이 안 될 확률은 얼마인가?

해답 $P_r(X = 4) = 0.25^3 \times 0.75 = 0.0117$

13. 한 양궁선수가 10점을 맞출 확률이 0.8이라고 할 때 이 선수가 네 번째 시도에서 표적을 처음 맞출 확률은 얼마인가?

해답 $P_r(X = 4) = 0.2^3 \times 0.8 = 0.0064$

14. 확률변수 X가 세 개의 가능한 경우가 있는 다항분포 Multinomial(n ; p_1, p_2, p_3)를 따를 때 다음 각 경우의 확률을 구하라.

(a) $P_r(X_1 = 2, X_2 = 3, X_3 = 5),\ n = 10,\ p_1 = p_2 = p_3 = \frac{1}{3}$

해답 $\frac{10!}{2!3!5!}\left(\frac{1}{3}\right)^{10} = 0.0427$

(b) $P_r(X_1 = 0, X_2 = 2, X_3 = 3),\ n = 5,\ p_1 = 0.1,\ p_2 = 0.4,\ p_3 = 0.5$

해답 $\frac{5!}{2!3!}0.4^2 \times 0.5^3 = 0.2$

(c) $P_r(X_1 = 2, X_2 = 1, X_3 = 2),\ n = 5,\ p_1 = 0.4,\ p_2 = 0.2,\ p_3 = 0.4$

해답 $\frac{5!}{2!1!2!}0.4^2 \times 0.2 \times 0.4^2 = 0.1536$

(d) $P_r(X_1 = 4, X_2 = 4, X_3 = 2),\ n = 10,\ p_1 = 0.4,\ p_2 = 0.3,\ p_3 = 0.3$

해답 $\frac{10!}{4!4!2!}0.4^4 \times 0.3^4 \times 0.3^2 = 0.0588$

15. 빨간 공이 20개, 파란 공이 30개, 노란 공이 50개 들어 있는 상자가 있다. 이 상자에서 복원추출로 공을 10번 뽑을 때 빨간 공이 5개, 파란 공이 3개, 노란 공이 2개 나올 확률을 구하라.

해답 $P_r(X_1 = 5, X_2 = 3, X_3 = 2) = \frac{10!}{5!3!2!}0.2^5 \times 0.3^3 \times 0.5^2 = 0.0054432$

16. 확률변수 X가 포아송분포 Poisson(μ)를 따를 때 다음 각 경우의 확률을 구하라.

힌트 〈부록 VI〉의 [표 2]를 이용해 확률을 구한다.

(a) $P_r(X = 0),\ \mu = 3$

해답 $P_r(X = 0) = 0.050$

(b) $P_r(X = 5),\ \mu = 2$

해답 $P_r(X = 5) = 0.983 - 0.947 = 0.036$

(c) $P_r(X \geq 3),\ \mu = 4$

해답 $P_r(X \geq 3) = 1 - P_r(X \leq 2) = 1 - 0.238 = 0.762$

17. 한 컴퓨터 수리회사에 수리하러 오는 의뢰인의 수는 시간당 평균 3명인 포아송분포를 따른다. 어느 특정 시간에 수리하러 오는 사람의 수가 다음과 같을 확률을 구하라.

힌트 $\mu = 3$인 포아송분포이며, 〈부록 VI〉의 [표 2]를 이용해 확률을 구한다.

(a) 수리하러 오는 사람이 한 명도 없을 확률

해답 $P_r(X = 0) = 0.050$

(b) 정확하게 5명이 수리하러 올 확률

해답 $P_r(X = 5) = P_r(X \leq 5) - P_r(X \leq 4) = 0.916 - 0.815 = 0.101$

(c) 한 명 이하가 수리하러 올 확률

해답 $P_r(X \leq 1) = 0.199$

18. 한 사무실에 매 시간당 걸려오는 전화의 횟수는 포아송분포를 따르며, 매 시간당 평균 20회의 전화가 걸려온다. 특정한 5분 사이에 전화가 한 번도 걸려오지 않을 확률을 구하라.

힌트 시간당 평균 20회이므로 1분당 평균 0.3회, 5분당 평균 0.15회이다.

해답 $P_r(X = 0) = \dfrac{0.15^0}{0!} e^{-0.15} = 0.86$

19. 한 버스 정류장에서 시간당 평균 5대의 버스가 지나가는 포아송분포를 따른다고 할 때 특정 시간에 지나가는 버스의 수가 한 대도 없을 확률은 얼마인가?

힌트 평균 5인 포아송분포이며, 〈부록 VI〉의 [표 2]를 이용해 확률을 구한다.

해답 $P_r(X = 0) = 0.007,\ \mu = 5$

20. 한 회사원은 매주 동행복권을 10장씩 산다고 한다. 만약 복권에 당첨될 확률이 3%라면, 다음 주에 복권이 당첨될 확률은 얼마인가?

해답 $1 - P$(10장의 복권이 모두 당첨 안 됨) $= 1 - 0.97^{10} = 0.2626$

21. 한 방송국에서 방영하는 드라마의 시청률이 45%라고 한다. 오늘 지나가는 대학생 50명을 무작위로 추출하여 드라마 시청 여부를 물어보았을 때 20명이 시청하였을 확률은 얼마인가?

해답 $\binom{50}{20}0.45^{20}0.55^{30} = 0.0888$

제6장 연속형 확률분포

Introduction to **Statistics**, Solutions

01. 확률변수 X가 -1과 1 사이에서 균등분포 $U(-1, 1)$을 따를 때 다음 질문에 답하라.

(a) X의 확률밀도함수를 구하고, 이를 그림으로 표현하라.

해답 $f(x) = \begin{cases} \frac{1}{2}, & -1 \le x \le 1 \\ 0, & \text{다른 곳에서} \end{cases}$

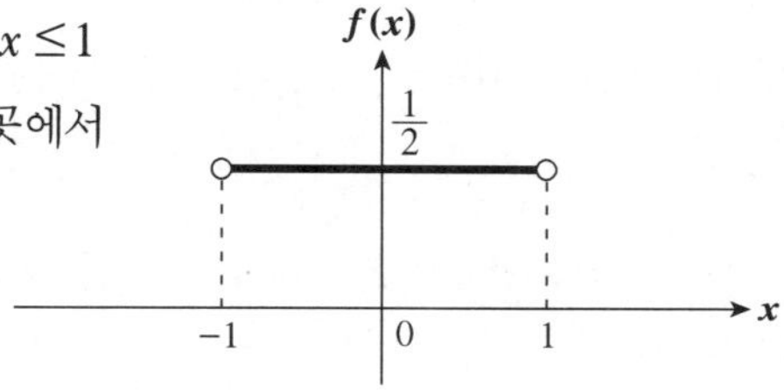

(b) $\{-0.5 \le X \le 0.5\}$의 확률은 얼마인가?

해답 $P_r(-0.5 \le X \le 0.5) = \int_{-0.5}^{0.5} \frac{1}{2}\, dx = \frac{1}{2}$

(c) $\{0.5 \le X \le 1.0\}$의 확률은 얼마인가?

해답 $P_r(0.5 \le X \le 1.0) = \int_{0.5}^{1.0} \frac{1}{2}\, dx = \frac{1}{4}$

(d) $\{X \le 0\}$의 확률은 얼마인가?

해답 $P_r(X \le 0) = \int_{-1}^{0} \frac{1}{2}\, dx = \frac{1}{2}$

02. 한 회사의 통근버스는 아침 8시부터 8시 30분 사이에 정류장 A에 도착한다. 이 버스가 8시부터 8시 30분 사이의 특정 시간에 이 정류장에 도착할 가능성이 모두 동일하다면, 통근버스가 8시 10분 이전에 정류장 A에 도착할 가능성은 얼마인가?

해답 이 버스가 정류장에 도착하는 시간은 8시~8시 30분 사이에 균등분포를 따른다. X를 이 버스가 정류장에 도착하는 시간이라 할 때 8시 = 0, 8시 30분 = 30으로 해

$$f(x) = \begin{cases} \frac{1}{30}, & 0 \le X \le 30 \\ 0, & \text{다른 곳에서} \end{cases}$$ 이다.

따라서 $P_r(X \le 10) = \int_0^{10} \frac{1}{30}\, dx = \frac{1}{3}$이다.

03. 확률변수 Z가 표준정규분포 $N(0, 1)$을 따를 때 〈부록 VI〉의 [표 3]을 이용해 다음 확률을 구하라.

(a) $P_r(Z \ge 2.00)$

해답 $P_r(Z \ge 2.0) = 0.5 - P_r(0 \le Z \le 2.0) = 0.5 - 0.4772 = 0.0228$

(b) $P_r(Z \le -1.90)$

해답 $P_r(Z \le -1.90) = P_r(Z \ge 1.90) = 0.5 - 0.4713 = 0.0287$

(c) $P_r(-1.00 \le Z \le 0.0)$

해답 $P_r(-1 \le Z \le 0) = P_r(0 \le Z \le 1) = 0.3413$

(d) $P_r(-1.5 \le Z \le 1.5)$

해답 $P_r(-1.5 \le Z \le 1.5) = 2 \times P_r(0 \le Z \le 1.5) = 2 \times 0.4332 = 0.8664$

(e) $P_r(Z \ge 2.5$ 또는 $Z \le -2.5)$

해답 $P_r(Z \ge 2.5 \text{ 또는 } Z \le -2.5) = 2 \times P_r(Z \ge 2.5)$

$= 2 \times (0.5 - 0.4938) = 0.0124$

(f) $P_r(Z \geq 2.0$ 또는 $Z \leq 1.5)$

해답 $P_r(Z \geq 2.0 \text{ 또는 } Z \leq 1.5) = 1 - P_r(1.5 \leq Z \leq 2.0)$
$= 1 - [P_r(0 \leq Z \leq 2.0) - P_r(0 \leq Z \leq 1.5)]$
$= 1 - (0.4772 - 0.4332) = 0.956$

04. 확률변수 Z가 표준정규분포 $N(0, 1)$을 따를 때 다음 확률조건을 만족하는 값 a를 구하라.

(a) $P_r(0 \leq Z \leq a) = 0.3413$

해답 $a = 1.0$

(b) $P_r(|Z| \leq a) = 0.95$

해답 $P_r(-a \leq Z \leq a) = 0.95,\ P_r(0 \leq Z \leq a) = 0.475$에서 $a = 1.96$

(c) $P_r(Z \leq -a) = 0.0668$

해답 $P_r(Z \leq -a) = 0.0668$
$\Rightarrow P_r(Z \geq a) = 0.0668$
$\Rightarrow P_r(0 \leq Z \leq a) = 0.5 - 0.0668 = 0.4332$
$\therefore a = 1.5$

(d) $P_r(Z \geq a) = 0.0228$

해답 $P_r(Z \geq a) = 0.0228 \ \Rightarrow \ P_r(0 \leq Z \leq a) = 0.4772$
$\therefore a = 2.0$

(e) $P_r(-a \leq Z \leq 0) = 0.3413$

해답 $P_r(-a \leq Z \leq 0) = 0.3413 \ \Rightarrow \ P_r(0 \leq Z \leq a) = 0.3413$
$\therefore a = 1.0$

05. 확률변수 X가 $\mu = 30$, $\sigma = 5$를 갖는 정규분포 $N(30, 25)$를 따를 때 다음 각 X값에 대한 Z값을 구하라.

힌트 $X \sim N(30, 25)$

(a) $X = 25$

해답 $Z = \dfrac{25 - 30}{5} = -1$

(b) $X = 30$

해답 $Z = \dfrac{30 - 30}{5} = 0$

(c) $X = 37.5$

해답 $Z = \dfrac{37.5 - 30}{5} = 1.5$

(d) $X = 10$

해답 $Z = \dfrac{10 - 30}{5} = -4$

(e) $X = 50$

해답 $Z = \dfrac{50 - 30}{5} = 4$

(f) $X = 32$

해답 $Z = \dfrac{32 - 30}{5} = 0.4$

06. 확률변수 X가 $\mu = 20$, $\sigma = 4$인 정규분포 $N(20, 16)$을 따를 때 $X = 30$에 대한 표준정규분포의 Z값은 얼마인가?

해답 $Z = \dfrac{30 - 20}{4} = \dfrac{10}{4} = 2.5$

07. 확률변수 X가 $\mu = 10$, $\sigma = 2$인 정규분포 $N(10, 4)$를 따를 때 다음 각 확률조건을 만족하는 a를 구하라.

(a) $P_r(X \geq a) = 0.5$

해답 $a = 10$

(b) $P_r(X \leq a) = 0.025$

해답 $P_r\left(Z \leq \frac{a-10}{2}\right) = 0.025$

$\frac{a-10}{2} = -1.96$

$\therefore a = 6.08$

(c) $P_r(X \geq a) = 0.10$

해답 $P_r\left(Z \geq \frac{a-10}{2}\right) = 0.1$

$\frac{a-10}{2} = 1.28$ ($P_r(0 \leq Z \leq 1.28) = 0.3997$로 0.4에 가장 가깝다)

$\therefore a = 12.56$

(d) $P_r(X \geq a) = 0.95$

해답 $P_r\left(Z \geq \frac{a-10}{2}\right) = 0.95$

$\frac{a-10}{2} = -1.645$

$\therefore a = 6.71$

08. 확률변수 X가 $\mu = 50$, $\sigma = 10$인 정규분포 $N(50,\ 100)$을 따를 때 다음 각 경우에 대한 확률을 구하라.

(a) $P_r(X \leq 50)$

해답 $P_r(X \leq 50) = P_r\left(Z \leq \frac{50-50}{10}\right) = P_r(Z \leq 0) = 0.5$

(b) $P_r(X \leq 35.6)$

해답 $P_r(X \leq 35.6) = P_r\left(Z \leq \frac{35.6-50}{10}\right)$

$= P_r(Z \leq -1.44) = 0.5 - 0.4251 = 0.0749$

(c) $P_r(40.7 \leq X \leq 75.8)$

해답 $P_r(40.7 \leq X \leq 75.8) = P_r\left(\frac{40.7-50}{10} \leq Z \leq \frac{75.8-50}{10}\right)$

$= P_r(-0.93 \leq Z \leq 2.58)$

$= 0.3238 + 0.4951 = 0.8189$

(d) $P_r(22.9 \le X \le 33.2)$

해답 $P_r(22.9 \le X \le 33.2) = P_r\left(\frac{22.9-50}{10} \le Z \le \frac{33.2-50}{10}\right)$
$= P_r(-2.71 \le Z \le -1.68) = P_r(1.68 \le Z \le 2.71)$
$= 0.4966 - 0.4535 = 0.0431$

(e) $P_r(X \ge 25.3)$

해답 $P_r(X \ge 25.3) = P_r\left(Z \ge \frac{25.3-50}{10}\right) = P_r(Z \ge -2.47)$
$= 0.5 + P_r(0 \le Z \le 2.47) = 0.5 + 0.4932 = 0.9932$

(f) $P_r(X \le 25.3)$

해답 $P_r(X \le 25.3) = P_r\left(Z \le \frac{25.3-50}{2}\right)$
$= P_r(Z \le -2.47) = 0.5 - 0.4932 = 0.0068$

09. 확률변수 X가 $\mu = 40$, $\sigma = 9$인 정규분포 $N(40, 81)$을 따를 때 다음 각 확률조건을 만족하는 a를 구하라.

(a) $P_r(X \ge a) = 0.5$

해답 $P_r(X \ge a) = 0.5 \;\Rightarrow\; a = 40$

(b) $P_r(X \le a) = 0.025$

해답 $P_r(X \le a) = 0.025 \;\Rightarrow\; P_r\left(Z \le \frac{a-40}{9}\right) = 0.025$
$\frac{a-40}{9} = -1.96 \;\Rightarrow\; a = 22.36$

(c) $P_r(X \ge a) = 0.10$

해답 $P_r(X \ge a) = 0.1 \;\Rightarrow\; P_r\left(Z \ge \frac{a-40}{9}\right) = 0.1$
$\frac{a-40}{9} = 1.28$ ($P_r(0 \le Z \le 1.28) = 0.3997$로 0.4에 가장 가깝다)
$\Rightarrow a = 51.52$

(d) $P_r(X \ge a) = 0.95$

해답 $P_r(X \ge a) = 0.95 \;\Rightarrow\; P_r\left(Z \ge \frac{a-40}{9}\right) = 0.95$
$\frac{a-40}{9} = -1.645 \;\Rightarrow\; a = 25.195$

10. 한 회사에서 생산된 전구의 수명이 평균이 700시간이고 표준편차가 50시간인 정규분포를 따른다고 할 때,

힌트 $X \sim N(700, 50^2)$

(a) 이 회사에서 생산된 한 전구의 수명이 800시간 이상일 확률은 얼마인가?

해답 $P_r(X \geq 800) = P_r\left(Z \geq \frac{800-700}{50}\right) = P_r(Z \geq 2)$
$= 0.5 - 0.4772 = 0.0228$

(b) 이 회사에서 생산된 한 전구가 650시간 이전에 끊어질 확률은 얼마인가?

해답 $P_r(X \leq 650) = P_r\left(Z \leq \frac{650-700}{50}\right) = P_r(Z \leq -1)$
$= 0.5 - 0.3413 = 0.1587$

(c) 이 회사에서 생산된 전구들 중에서 40%가 몇 시간 이상 끊어지지 않는다고 할 수 있는가?

해답 $P_r(X \geq a) = 0.4 \;\Rightarrow\; P_r\left(Z \geq \frac{a-700}{50}\right) = 0.4$
$\frac{a-700}{50} \approx 0.25$이다. $\quad \Rightarrow \; a = 712.5$

11. 한 음식점의 일별 매상액은 평균이 53만원이고 표준편차가 12만원인 정규분포에 근사하다고 한다.

힌트 $X \sim N(53, 12^2)$

(a) 어느 날 이 음식점의 매상액이 70만원 이상일 확률은 얼마인가?

해답 $P_r(X \geq 70) = P_r\left(Z \geq \frac{70-53}{12}\right) = P_r(Z \geq 1.42) = 0.5 - 0.4222 = 0.0778$

(b) 이 음식점은 매일매일 최소한 30만원 이상의 매상이 있어야 이윤이 남는다고 할 때 어느 특정한 날에 이윤이 남지 않을 확률은 얼마인가?

해답 $P_r(X \leq 30) = P_r\left(Z \leq \frac{30-53}{12}\right) = P_r(Z \leq -1.92) = 0.5 - 0.4726 = 0.0274$

12. 어느 반 학생들의 통계학 시험 성적은 평균점수가 72점이고 표준편차가 9점인 정규분포에 근사한 분포를 갖는다. 학생들 중에서 상위 5%만이 A학점을 받는다고 할 때 A학점을 받기 위한 최저점수는 얼마인가?

해답 $x = 72 + 1.645 \times 9 = 86.805$

13. 한 회사에서 생산된 세탁기의 수명은 평균이 3.1년이고 표준편차가 1.2년인 정규분포에 근사한 분포를 갖는다. 이 세탁기의 보증기간이 1년이라 할 때 판매된 하나의 세탁기가 보증기간 내에 고장날 확률은 얼마인가?

해답 $X \sim N(3.1, 1.2^2)$

$$P_r(X \le 1) = P_r\left(Z \le \frac{1-3.1}{1.2}\right) = P_r(Z \le -1.75) = 0.5 - 0.4599 = 0.0401$$

14. 총무처에서 실시하는 사법고시를 치른 사람들의 성적은 평균이 50점이고 표준편차가 8점인 정규분포에 근사한 분포를 갖는다. 합격 커트라인이 70점이라 할 때 응시생 중에서 몇 %의 사람이 합격했다고 할 수 있는가?

해답 $X \sim N(50, 8^2)$

$$P_r(X \ge 70) = P_r\left(Z \ge \frac{70-50}{8}\right) = P_r(Z \ge 2.5) = 0.5 - 0.4938 = 0.0062$$

15. 2023학년도 대학입학 수능시험 성적은 평균이 200점이고 표준편차가 20점인 정규분포에 근사한 분포를 갖는다고 할 때,

힌트 $X \sim N(200, 20^2)$

(a) 240점 이상인 학생의 비율은 얼마인가?

해답

$$P_r(X \ge 240) = P_r\left(Z \ge \frac{240-200}{20}\right) = P_r(Z \ge 2.0)$$
$$= 0.5 - 0.4772 = 0.0228$$

(b) 한 학생이 220점을 받았다고 할 때 이 학생은 상위 몇 %에 속하나?

해답

$$P_r(X \ge 220) = P_r\left(Z \ge \frac{220-200}{20}\right) = P_r(Z \ge 1.0)$$
$$= 0.5 - 0.3413 = 0.1587$$

이 학생은 약 상위 16% 정도 수준이다.

(c) 180점에서 240점 사이에 있는 학생의 비율은 얼마인가?

해답 $P_r(180 \le X \le 240) = P_r\left(\frac{180-200}{20} \le Z \le \frac{240-200}{20}\right)$
$= P_r(-1 \le Z \le 2) = 0.3413 + 0.4772 = 0.8185$

16. 우리나라 20세 전후 남자들의 1분당 맥박 수는 평균이 72번이고 표준편차가 9.7번인 정규분포에 근사한 분포를 갖는다. 군입대 신체검사에서 1분당 맥박 수가 55 이하이거나 90 이상인 경우에는 보충역에 편입된다고 할 때 신체검사를 받은 사람 중에서 맥박 수에 의해 보충역에 편입되는 사람의 비율은 얼마인가?

해답 $X \sim N(72, 9.7^2)$
$P_r(X \le 55 \text{ 또는 } X \ge 90) = P_r\left(Z \le \frac{55-72}{9.7} \text{ 또는 } Z \ge \frac{90-72}{9.7}\right)$
$= P_r(Z \le -1.75 \text{ 또는 } Z \ge 1.86) = (0.5 - 0.4599) + (0.5 - 0.4686)$
$= 0.0401 + 0.0314 = 0.0715$

17. 한 통계학과의 수리통계학 기말고사 점수가 평균이 60이고, 표준편차가 10인 정규분포를 따른다고 한다. 어떤 학생의 점수가 50점이라면, 이 학생보다 더 높은 점수를 받은 학생들의 비율은 얼마인가?

해답 $P_r(X > 50) = P_r\left(Z > \frac{50-60}{10}\right)$
$= P_r(Z > -1) = 0.5 + P_r(0 \le Z \le 1) = 0.8413$

18. 한 회사원이 집에서 회사까지 출근하는 데 걸리는 시간은 평균이 한 시간이고 표준편차가 0.3시간인 정규분포에 근사한 분포를 갖는다고 할 때,

힌트 $X \sim N(1, 0.3^2)$

(a) 이 사람이 회사에 출근하는 데 걸린 시간이 한 시간 반 이상일 확률은 얼마인가?

해답 $P_r(X \ge 1.5) = \left(Z \ge \frac{1.5-1}{0.3}\right) = P_r(Z \ge 1.67) = 0.5 - 0.4525 = 0.0475$

(b) 회사의 업무가 오전 9시에 시작된다고 할 때 이 사람이 집에서 7시 40분에 출발했다면 이 사람이 회사에 지각할 확률은 얼마인가?

해답 $P_r\left(X \ge 1 + \frac{1}{3}\right) = P_r\left(Z \ge \frac{\frac{4}{3}-1}{0.3}\right) = P_r(Z \ge 1.11)$
$= 0.5 - 0.3665 = 0.1335$

19. 확률변수 X가 $\lambda = 2$인 지수분포 Exponential (2)를 따를 때,

(a) X의 평균과 분산을 구하라.

해답 $E(X) = \frac{1}{\lambda} = \frac{1}{2},\ Var(X) = \frac{1}{\lambda^2} = \frac{1}{4}$

(b) X가 3 이상일 확률은 얼마인가?

해답 $P_r(X \geq 3) = e^{-6}$

(c) X가 1 이하일 확률은 얼마인가?

해답 $P_r(X \leq 1) = 1 - e^{-2}$

20. 확률변수 X가 $\lambda = 0.5$인 지수분포 Exponential (0.5)를 따를 때,

(a) X의 평균과 분산을 구하라.

해답 $E(X) = \frac{1}{0.5} = 2,\ Var(X) = \frac{1}{0.5^2} = 4$

(b) X가 1 이상일 확률은 얼마인가?

해답 $P_r(X \geq 1) = e^{-0.5}$

(c) X가 2 이하일 확률은 얼마인가?

해답 $P_r(X \leq 2) = 1 - e^{-1}$

21. 한 낚시꾼이 낚시를 하는데 고기가 평균 한 시간에 두 마리가 잡힌다고 한다.

힌트 이 문제는 $\lambda = 2$인 지수분포 문제이다.

(a) 한 번 고기를 잡은 후에 다음 고기를 잡을 때까지 걸리는 평균시간은 얼마인가?

해답 0.5시간

(b) 한 번 고기를 잡은 후에 두 시간 동안 전혀 고기를 잡지 못할 확률은 얼마인가?

해답 $P_r(X \geq 2) = e^{-4}$

(c) 한 번 고기를 잡은 후에 30분 만에 다시 고기를 잡을 확률은 얼마인가?

해답 $P_r(X \le 0.5) = 1 - e^{-1}$

22. 한 지역에서 교통경찰관이 교통법규를 위반하는 차량을 평균 10분에 두 대씩 적발한다고 한다.

(a) 이 교통경찰관이 교통법규 위반차량을 적발한 뒤에 다음 교통법규 위반차량을 적발하는 데까지 걸리는 평균시간은 얼마인가?

해답 기본 시간단위를 10분이라 할 때 $\lambda = 2$이므로 평균 $= \frac{1}{\lambda} = \frac{1}{2} = 0.5$, 따라서 평균 5분에 1대씩 적발한다.

(b) 한 번 교통법규 위반차량을 적발한 뒤에 10분 동안 교통법규 위반차량을 적발하지 못할 확률은 얼마인가?

해답 $P_r(X \ge 1) = e^{-2}$

(c) 한 번 교통법규 위반차량을 적발한 뒤에 2분 만에 다시 교통법규 위반차량을 적발한 확률은 얼마인가?

해답 $P_r(X \le 0.2) = 1 - e^{-2\times 0.2} = 1 - e^{-0.4}$

23. 확률변수 X가 $n = 100$, $p = 0.4$인 이항분포 $B(100, 0.4)$를 따를 때, 다음 각 경우의 확률을 구하라.

힌트 이항분포의 정규근사를 이용해 구한다. 즉, $E(X) = 40$, $Var(X) = 100 \times 0.4 \times 0.6 = 24$를 이용해 $X \sim N(40, 24)$와 연속수정을 이용한다. 표준편차 $= \sqrt{24} = 4.9$를 이용함.

(a) $P_r(X \ge 40)$

해답 $$P_r(X \ge 40) = P_r\left(Z \ge \frac{39.5 - 40}{4.9}\right) = P_r(Z \ge -0.10)$$
$$= 0.5 + 0.0398 = 0.5398$$

(b) $P_r(X \le 50)$

해답 $$P_r(X \le 50) = P_r\left(Z \le \frac{50.5 - 40}{4.9}\right) = P_r(Z \le 2.14)$$
$$= 0.5 + 0.4838 = 0.9838$$

(c) $P_r(30 \le X \le 50)$

해답 $P_r(30 \le X \le 50) = P_r\left(\frac{29.5-40}{4.9} \le Z \le \frac{50.5-40}{4.9}\right)$
$= P_r(-2.14 \le Z \le 2.14) = 2 \times 0.4838 = 0.9676$

(d) $P_r(X \ge 80)$

해답 $P_r(X \ge 80) = P_r\left(Z \ge \frac{79.5-40}{4.9}\right) = P_r(Z \ge 8.06) = 0.0$

(e) $P_r(X \le 20)$

해답 $P_r(X \le 20) = P_r\left(Z \le \frac{20.5-40}{4.9}\right) = P_r(Z \le -3.98) = 0.0$

(f) $P_r(35 \le X \le 45)$

해답 $P_r(35 \le X \le 45) = P_r\left(\frac{34.5-40}{4.9} \le Z \le \frac{45.5-40}{4.9}\right)$
$= P_r(-1.12 \le Z \le 1.12) = 2 \times 0.3686 = 0.7372$

24. 확률변수 X가 $n = 20$, $p = 0.5$인 이항분포 $B(20, 0.5)$를 따를 때 다음 각 경우의 확률을 구하라.

힌트 〈부록 VI〉의 [표 1]을 이용해 구한다.

(a) $P_r(X = 10)$

해답 $P_r(X = 10) = P_r(X \le 10) - P_r(X \le 9) = 0.588 - 0.412 = 0.176$

(b) $P_r(5 \le X \le 15)$

해답 $P_r(5 \le X \le 15) = P_r(X \le 15) - P_r(X \le 4) = 0.994 - 0.006 = 0.988$

(c) $P_r(9 \le X \le 10)$

해답 $P_r(9 \le X \le 10) = P_r(X \le 10) - P_r(X \le 8) = 0.588 - 0.252 = 0.336$

(d) $P_r(X \ge 15)$

해답 $P_r(X \ge 15) = 1 - P_r(X \le 14) = 1 - 0.979 = 0.021$

25. 확률변수 X가 $n=25$, $p=0.4$인 이항분포 $B(25, 0.4)$를 따를 때 $P_r(8 \le X \le 11)$을

(a) 〈부록 VI〉의 [표 1]에 있는 이항확률분포표를 이용해 구하라.

해답 $P_r(8 \le X \le 11) = P_r(X \le 11) - P_r(X \le 7) = 0.732 - 0.154 = 0.578$

(b) 이항분포에 대한 정규근사를 이용해 구하라.

해답 $E(X) = 25 \times 0.4 = 10,\ \ Var(X) = 25 \times 0.4 \times 0.6 = 6$

표준편차$=\sqrt{6} = 2.45$이므로

$$P_r(8 \le X \le 11) = P_r\left(\frac{7.5-10}{2.45} \le Z \le \frac{11.5-10}{2.45}\right)$$
$$= P_r(-1.02 \le Z \le 0.61)$$
$$= 0.3461 + 0.2291 = 0.5752$$이다.

26. 확률변수 X가 $n=25$, $p=0.2$인 이항분포 $B(25, 0.2)$를 따를 때 $P_r(X \le 4)$를

(a) 〈부록 VI〉의 [표 1]에 있는 이항확률분포표를 이용해 구하라.

해답 $P_r(X \le 4) = 0.421$

(b) 이항분포에 대한 정규근사를 이용해 구하라.

해답 $E(X) = 25 \times 0.2 = 5,\ \ Var(X) = 25 \times 0.2 \times 0.8 = 4$

$$P_r(X \le 4) = P_r\left(Z \le \frac{4.5-5}{2}\right) = P_r(Z \le -0.25)$$
$$= 0.5 - 0.0987 = 0.4013$$

27. 한 자동차 외판원은 판매상담한 사람 중에서 30%의 사람들이 실제로 자동차를 구입한다고 한다. 어느 한 달 동안에 100명과 판매상담을 했다고 할 때 최소한 20명 이상의 고객이 자동차를 구매할 확률은 얼마인가?

해답 $X \sim B(100, 0.3)$

$E(X) = 100 \times 0.3 = 30,\ \ Var(X) = 100 \times 0.3 \times 0.7 = 21$

표준편차$=\sqrt{21} = 4.58$

$$P_r(X \ge 20) = P_r\left(Z \ge \frac{19.5-30}{4.58}\right) = P_r(Z \ge -2.29)$$
$$= 0.5 + 0.489 = 0.989$$

28. 서울시의 교통난 해소를 위한 승용차 짝 · 홀수 운행을 찬성하는 사람의 비율이 60%라고 한다. 어느 모임에 모인 200명의 사람들을 대상으로 짝 · 홀수 운행에 대한 찬성 여부를 조사한다고 할 때 100명 이상의 사람들이 찬성할 확률은 얼마인가?

해답 $X \sim B(200, 0.6)$

$E(X) = 200 \times 0.6 = 120,\ \ Var(X) = 200 \times 0.6 \times 0.4 = 48$

표준편차$=\sqrt{48} = 6.93$

$$P_r(X \geq 100) = P_r\left(Z \geq \frac{99.5 - 120}{6.93}\right) = P_r(Z \geq -2.96)$$
$$= 0.5 + 0.4985 = 0.9985$$

29. 어느 회사에 걸려오는 전화 중 30%는 장거리 전화라고 한다. 어느 날 걸려온 100회의 전화 중 장거리 전화가 25회 이하일 확률은 얼마인가?

해답 $X \sim B(100, 0.3)$

$E(X) = 30,\ \ Var(X) = 21,$ 표준편차$=\sqrt{21} = 4.58$

$$P_r(X \leq 25) = P_r\left(Z \leq \frac{25.5 - 30}{4.58}\right) = P_r(Z \leq -0.98)$$
$$= 0.5 - 0.3365 = 0.1635$$

30. 어느 회사에서 100명의 대학졸업 신입사원을 뽑는데 500명의 대학졸업자가 응시했다. A대학 졸업생 50명이 이 회사에 응시했다고 할 때 신입사원 선발이 랜덤하게 결정된다면 A대학 졸업생 중에서 합격자가 4명 이내일 확률은 얼마인가? 또 10명 이상일 확률은 얼마인가?

해답 $X \sim B(50, 0.2)$

$E(X) = 50 \times 0.2 = 10,\ \ Var(X) = 50 \times 0.2 \times 0.8 = 8$

표준편차$=\sqrt{8} = 2.828$

$$P_r(X \leq 4) = \left(Z \leq \frac{4.5 - 10}{2.828}\right) = P_r(Z \leq -1.94)$$
$$= 0.5 - 0.4738 = 0.0262$$

$$P_r(X \geq 10) = P_r\left(Z \geq \frac{9.5 - 10}{2.828}\right) = P_r(Z \geq -0.18)$$
$$= 0.5 + 0.0714 = 0.5714$$

31. 어느 한 사무실에 걸려오는 전화 중 1%는 잘못 걸려온 전화라고 한다. 어느 날 이 사무실에 걸려온 100회의 전화 중 잘못 걸려온 전화의 수가 2번 이상일 확률은 얼마인가? 이항분포에 대한 포아송근사를 이용해 구하라.

해답 $X\sim B(100, 0.01)$이므로 $E(X) = 100 \times 0.01 = 1$이다. $P_r(X \geq 2)$는 〈부록 VI〉의 [표 2]에서 $\mu = 1$에 의해 $P_r(X \geq 2) = 1 - P_r(X \leq 1) = 1 - 0.736 = 0.264$이다.

32. 어느 사격선수가 표적을 맞추지 못할 확률이 0.48%라고 한다. 어느 사격대회에서 이 선수가 500회의 사격을 실시했다고 할 때 표적을 맞추지 못한 경우가 2회 이내일 확률은 얼마인가? 이항분포에 대한 포아송근사를 이용해 구하라.

해답 $X\sim B(500, 0.0048)$, $E(X) = 500 \times 0.0048 = 2.4$

$P_r(X \leq 2)$는 〈부록 VI〉의 [표 2]에서 $\mu = 2.4$에 의해 $P_r(X \leq 2) = 0.570$이다.

33. 공정한 주사위 1개를 30번 던진다고 하자. 이 실험에서 2가 나오는 횟수를 X라 하고, 정규근사를 이용하여 $P(X > 3)$의 근사값을 구하려 할 때 연속성 수정을 고려한 근사식은 무엇인가?

해답 $X\sim B(30, \frac{1}{6})$에서 평균 $\mu = np = 5$이고, 분산 $\sigma^2 = npq = \frac{25}{6}$이므로, 연속성 수정을 고려해 정규분포에서 확률을 구하는 식을 이용하면

$$P_r(X > 3.5) = P_r\left(\frac{X-5}{5/\sqrt{6}} > \frac{3.5-5}{5/\sqrt{6}}\right)$$
$$= P_r(Z \geq 0.73) = 0.5 - 0.2673 = 0.2327$$

34. 어떤 주사위를 1,000번 던졌을 때 4라는 숫자가 많아야 320번 나올 확률을 연속성 수정을 이용하여 구하라.

해답 $X\sim B(1{,}000, \frac{1}{6})$에서 평균 $np = \frac{1{,}000}{6}$이고, 분산 $\sigma^2 = npq = \frac{5{,}000}{36}$이므로, 연속성 수정을 고려해 정규분포에서 확률을 구하는 식을 이용하면

$$P_r(X \leq 320.5) = P_r\left(\frac{X - 1{,}000/6}{\sqrt{5{,}000}/6} \leq \frac{320.5 - 1{,}000/6}{\sqrt{5{,}000}/6}\right)$$
$$= P_r(Z \leq 13.05)$$
$$= 1$$

제7장 확률표본과 추정

01. 다섯 개의 값 $\{1, 2, 3, 4, 5\}$에서 세 개의 원소로 이루어진 표본을 추출하는 경우

(a) 표본을 비복원으로 추출할 때 가능한 표본의 수는 몇 개인가?

해답 $\binom{5}{3} = 10$가지

(b) 모집단 $\{1, 2, 3, 4, 5\}$의 평균 μ, 분산 σ^2, 그리고 표준편차 σ를 구하라.

해답
$$\mu = \frac{1}{5}(1+2+3+4+5) = 3$$
$$\sigma^2 = \frac{1}{5}[(1-3)^2+(2-3)^2+(3-3)^2+(4-3)^2+(5-3)^2]$$
$$= \frac{1}{5}(4+1+1+4) = 2$$
$$\sigma = \sqrt{2} = 1.414$$

(c) (a)에서 구한 모든 가능한 표본들을 모두 나열하고, 각 표본에서 평균 $\overline{X}$, 중위수 $\tilde{X}$, 그리고 최소값 $X_{(1)}$을 구하라.

해답 $\{(1, 2, 3), (1, 2, 4), (1, 2, 5), (1, 3, 4), (1, 3, 5), (1, 4, 5), (2, 3, 4), (2, 3, 5), (2, 4, 5), (3, 4, 5)\}$

표본	관측값	$\overline{X}$	$\tilde{X}$	$X_{(1)}$
1	(1, 2, 3)	2	2	1
2	(1, 2, 4)	$\frac{7}{3}$	2	1
3	(1, 2, 5)	$\frac{8}{3}$	2	1
4	(1, 3, 4)	$\frac{8}{3}$	3	1
5	(1, 3, 5)	3	3	1
6	(1, 4, 5)	$\frac{10}{3}$	4	1
7	(2, 3, 4)	3	3	2
8	(2, 3, 5)	$\frac{10}{3}$	3	2
9	(2, 4, 5)	$\frac{11}{3}$	4	2
10	(3, 4, 5)	4	4	3

(d) (c)에서 구한 통계량 $\overline{X}$, $\tilde{X}$, $X_{(1)}$의 값들을 이용해 각각의 통계량에 대한 평균, 분산, 표준오차를 구하라.

해답 (i) $\overline{X}$의 평균 = 3　분산 ≈ 0.37　표준오차 ≈ 0.1825
(ii) $\tilde{X}$의 평균 = 3　분산 ≈ $\frac{2}{3}$　표준오차 ≈ 0.2582
(iii) $X_{(1)}$의 평균 = 1.5　분산 ≈ 0.45　표준오차 ≈ 0.2236

(e) 세 통계량 $\overline{X}$, $\tilde{X}$, $X_{(1)}$ 중에서 μ의 불편추정량은 어느 것인가?

해답 $\overline{X}$와 $\tilde{X}$ 모두 불편추정량이다.

(f) 세 통계량 $\overline{X}$, $\tilde{X}$, $X_{(1)}$ 중에서 최소분산을 갖는 통계량은 어느 것인가?

해답 $\overline{X}$가 최소분산을 갖는다.

02. 여섯 개의 값 {1, 2, 3, 4, 5, 6}에서 네 개의 원소로 이루어진 표본을 추출하는 경우

(a) 표본을 비복원으로 추출할 때 가능한 표본의 수는 몇 개인가?

해답 $\binom{6}{4} = 15$가지

(b) 모집단 {1, 2, 3, 4, 5, 6}의 평균 μ와 분산 σ^2, 그리고 표준편차 σ를 구하라.

해답 $\mu = 3.5, \sigma^2 \approx 2.917, \sigma \approx 1.708$

(c) (a)에서 구한 모든 가능한 표본들을 모두 나열하고, 각 표본에서 평균 $\overline{X}$, 중위수 $\tilde{X}$, 그리고 최대값 $X_{(4)}$를 구하라.

해답

표본	관측값	$\overline{X}$	$\tilde{X}$	$X_{(4)}$
1	(1, 2, 3, 4)	$\frac{10}{4}$	2.5	4
2	(1, 2, 3, 5)	$\frac{11}{4}$	2.5	5
3	(1, 2, 3, 6)	$\frac{12}{4}$	2.5	6
4	(1, 2, 4, 5)	$\frac{12}{4}$	3	5
5	(1, 2, 4, 6)	$\frac{13}{4}$	3.5	6
6	(1, 2, 5, 6)	$\frac{14}{4}$	3.5	6
7	(1, 3, 4, 5)	$\frac{13}{4}$	3.5	5
8	(1, 3, 4, 6)	$\frac{14}{4}$	3.5	6

9	(1, 3, 5, 6)	$\frac{15}{4}$	4	6
10	(1, 4, 5, 6)	$\frac{16}{4}$	4.5	6
11	(2, 3, 4, 5)	$\frac{14}{4}$	3.5	5
12	(2, 3, 4, 6)	$\frac{15}{4}$	3.5	6
13	(2, 3, 5, 6)	$\frac{16}{4}$	4	6
14	(2, 4, 5, 6)	$\frac{17}{4}$	4.5	6
15	(3, 4, 5, 6)	$\frac{18}{4}$	4.5	6

(d) (c)에서 구한 통계량 $\overline{X}$, $\tilde{X}$, $X_{(4)}$의 값들을 이용해 각각의 통계량에 대한 평균, 분산, 표준오차를 구하라.

해답 (i) $\overline{X}$의 평균 = 3.5 분산 ≈ 0.3125 표준오차 ≈ 0.1443
(ii) $\tilde{X}$의 평균 = 3.5 분산 = 0.48 표준오차 ≈ 0.1791
(iii) $X_{(4)}$의 평균 = 5.6 분산 = 0.4 표준오차 ≈ 0.1633

(e) 세 통계량 $\overline{X}$, $\tilde{X}$, $X_{(4)}$ 중에서 μ의 불편추정량은 어느 것인가?

해답 $\overline{X}$와 $\tilde{X}$ 모두 불편추정량이다.

(f) 세 통계량 $\overline{X}$, $\tilde{X}$, $X_{(4)}$ 중에서 최소분산을 갖는 통계량은 어느 것인가?

해답 평균 $\overline{X}$가 최소분산을 갖는다.

03. $\overline{X}$가 $\mu = 50, \sigma = 2$인 확률분포로부터 추출된 50개 관측값의 표본평균이라 할 때 다음 값을 구하라.

힌트 $\overline{X} \sim N\left(50, \frac{2}{\sqrt{50}}\right), \ \frac{2}{\sqrt{50}} = 0.2828$

(a) $P_r(\overline{X} > 51)$

해답 $P_r(\overline{X} > 51) = P_r\left(\frac{\overline{X} - \mu}{\sigma / \sqrt{n}} > \frac{51 - 50}{0.2828}\right) = P_r(Z > 3.54) = 0.0$

(b) $P_r(|\overline{X} - 50| < 0.05)$

해답 $P_r(|\overline{X} - 50| < 0.05) = P_r\left(|Z| < \frac{0.05}{0.2828}\right)$
$P_r(|Z| < 0.18) = 2 \times 0.0714 = 0.1428$

(c) $P_r(\overline{X} < K) = 0.05$인 K값

해답 $P_r(\overline{X} < K) = P_r\left(Z < \frac{K-50}{0.2828}\right) = 0.05,\ \ \frac{K-50}{0.2828} = -1.645$
$K = 50 - 0.465 = 49.535$

(d) $P_r(|\overline{X} - 50| < K) = 0.95$인 K값

해답 $P_r(|\overline{X} - 50| < K) = P_r\left(|Z| < \frac{K}{0.2828}\right) = 0.95$
$\frac{K}{0.2828} = 1.96,\ \ K = 0.554$

04. $\overline{X}$가 $\mu = 30, \sigma = 10$인 확률분포로부터 추출된 100개 관측값의 표본평균이라 할 때 다음 값을 구하라.

힌트 $X \sim N\left(30, \frac{10}{\sqrt{100}}\right)$, 표준오차 $= \frac{10}{\sqrt{100}} = 1$

(a) $P_r(\overline{X} < 32)$

해답 $P_r(\overline{X} < 32) = P_r\left(Z < \frac{32-30}{1}\right) = P_r(Z < 2) = 0.5 + 0.4772 = 0.9772$

(b) $P_r(|\overline{X}| > 31)$

해답
$$\begin{aligned} P_r(|\overline{X}| > 31) &= P_r(\overline{X} > 31 \text{ or } \overline{X} < -31) \\ &= P_r(\overline{X} > 31) + P_r(\overline{X} < -31) \\ &= P_r(Z > 1) + P_r(Z < -61) = 0.5 - 0.3413 = 0.1587 \end{aligned}$$

(c) $P_r(|\overline{X} - 30| < 1)$

해답 $P_r(|\overline{X} - 30| < 1) = P_r(|Z| < 1) = 2 \times 0.3413 = 0.6826$

(d) $P_r(\overline{X} > K) = 0.975$인 K값

해답 $P_r(\overline{X} < K) = P_r\left(Z < \frac{K-30}{1}\right) = 1 - 0.975 = 0.025$
$K - 30 = -1.96 \Rightarrow K = 28.04$

(e) $P_r(|\overline{X} - 30| > K) = 0.10$인 K값

해답 $P_r(|\overline{X} - 30| > K) = P_r\left(|Z| < \frac{K}{1}\right) = 0.1,\ \ K = 1.645$

05. 한 야구선수의 타율이 60%라고 한다. 이 선수에게 100회를 투고 시 안타 횟수의 비율을 $\hat{P}$라 할 때 다음 확률을 구하라.

힌트 $\hat{P} \sim N\left(0.6, \frac{0.6\times 0.4}{100}\right)$, $\frac{0.6\times 0.4}{100} = 0.0024$

표준오차 $= \sqrt{0.0024} = 0.049$

(a) $P_r(\hat{P} \geq 0.61)$

해답 $P_r(\hat{P} \geq 0.61) = P_r\left(\frac{\hat{P}-P}{\sqrt{\frac{P(1-P)}{n}}} \geq \frac{0.61-0.6}{0.049}\right)$

$= P_r(Z \geq 0.20) = 0.5 - 0.0793 = 0.4207$

(b) $P_r(0.58 \leq \hat{P} \leq 0.61)$

해답 $P_r(0.58 \leq \hat{P} \leq 0.61) = P_r\left(\frac{0.58-0.6}{0.049} \leq Z \leq \frac{0.61-0.6}{0.049}\right)$

$= P_r(-0.41 \leq Z \leq 0.20)$

$= 0.1591 + 0.0793 = 0.2384$

(c) $P_r(\hat{P} \leq 0.60)$

해답 $P_r(\hat{P} \leq 0.60) = P_r\left(Z \leq \frac{0.6-0.6}{0.049}\right) = P_r(Z \leq 0) = 0.5$

(d) $P_r(|\hat{P} - 0.60| \geq 0.01)$

해답 $P_r(|\hat{P} - 0.60| \geq 0.01) = P_r\left(|Z| \geq \frac{0.01}{0.049}\right) = P_r(|Z| \geq 0.20)$

$= 2 \times (0.5 - 0.0793) = 2 \times 0.4207 = 0.8414$

06. 새로 개발한 알약을 섭취할 때 약물 효과가 50%다. 100명을 대상으로 한 임상시험에서 약물 효과를 보인 사람들의 비율을 $\hat{P}$라고 할 때 다음 확률을 구하라.

힌트 $\hat{P} \sim N\left(0.5, \frac{0.5\times 0.5}{100}\right)$, $\frac{0.5\times 0.5}{100} = 0.0025$

표준오차 $= \sqrt{0.0025} = 0.05$

(a) $P_r(\hat{P} \geq 0.52)$

해답 $P_r(\hat{P} \geq 0.52) = P_r\left(Z \geq \frac{0.52-0.5}{0.05}\right) = P_r(Z \geq 0.4)$

$= 0.5 - 0.1554 = 0.3446$

(b) $P_r(\hat{P} \leq 0.49)$

해답 $P_r(\hat{P} \leq 0.49) = P_r\left(Z \leq \dfrac{0.49 - 0.5}{0.05}\right) = P_r(Z \leq -0.2)$
$= 0.5 - 0.0793 = 0.4207$

(c) $P_r(\hat{P} \geq 0.48)$

해답 $P_r(\hat{P} \geq 0.48) = P_r\left(Z \geq \dfrac{0.48 - 0.5}{0.05}\right) = P_r(Z \geq -0.4)$
$= 0.5 + 0.1554 = 0.6554$

(d) $P_r(\mid \hat{P} - 0.50 \mid \leq 0.02)$

해답 $P_r(\mid \hat{P} - 0.5 \mid \leq 0.02) = P_r\left(\mid Z \mid \leq \dfrac{0.02}{0.05}\right) = P_r(\mid Z \mid \leq 0.4)$
$= 2 \times 0.1554 = 0.3108$

07. 노후화된 에어컨 필터 교체시기를 점검하기 위해 에어컨 250대를 무작위로 랜덤 추출했다. 실제 에어컨 필터 중 30%가 교체되어야 한다면, 랜덤 추출한 결과에서 교체필터 비율이 25%에서 35%일 확률은 얼마인가?

해답 $\hat{P} \sim N\left(0.3, \dfrac{0.3 \times 0.7}{250}\right), \quad \dfrac{0.3 \times 0.7}{250} = 0.00084$

표준오차 $= \sqrt{0.00084} = 0.0289$

$P_r(0.25 \leq \hat{P} \leq 0.35) = P_r\left(\dfrac{0.25 - 0.3}{0.0289} \leq Z \leq \dfrac{0.35 - 0.3}{0.0289}\right)$
$= P_r(-1.724 \leq Z \leq 1.724)$
$= 2 \times 0.4573 = 0.9146$

08. 확률변수 X가 다음 각각의 자유도($d.f.$)를 갖는 t분포를 따를 때 〈부록 VI〉의 [표 4]를 참고해 다음 각각의 경우에 대한 값을 구하라.

(a) $df = 12$, $P_r(X \leq 1.782)$

해답 $P_r(X \leq 1.782) = 0.95$

(b) $df = 20$, $P_r(-2.086 \leq X \leq 2.086)$

해답 $P_r(-2.086 \leq X \leq 2.086) = 0.95$

(c) $df = 15$, $P_r(X \leq -2.602)$

해답 $P_r(X \leq -2.602) = 0.1$

(d) $df = 19$, $P_r(X \geq 2.093)$

해답 $P_r(X \geq 2.093) = 0.025$

(e) $df = 15$, $P_r(X \geq K) = 0.025$인 K값

해답 $P_r(X \geq K) = 0.025$에서 $K = 2.131$

(f) $df = 10$, $P_r(X \leq -K) = 0.100$인 K값

해답 $P_r(X \leq -K) = 0.100$에서 $K = 1.372$

09. 모평균 $\mu = 10$인 정규모집단으로부터 10개의 관측값을 표본으로 추출해 조사한 결과 표본평균과 표본표준편차가 각각 $\overline{X} = 12$, $S = 5$였다.

(a) T값을 구하라.

해답 $T = \dfrac{\overline{X} - \mu}{S/\sqrt{n}} = \dfrac{12 - 10}{5/\sqrt{10}} = 1.26$

(b) 〈부록 VI〉의 [표 4]를 이용해 T값 이상이 나타날 확률의 근사값을 구하라.

해답 $d.f. = 9$이므로 $P_r(T \geq 1.26) \approx 0.1$

10. 확률변수 X^2이 다음 각각의 자유도($d.f.$)를 갖는 χ^2분포를 따를 때 〈부록 VI〉의 [표 5]를 참고해 다음 각 경우에 대한 확률을 구하라.

(a) $df = 10$, $P_r(X^2 \geq 3.24697)$

해답 $P_r(X^2 \geq 3.24697) = 0.975$

(b) $df = 10$, $P_r(X^2 \geq 20.4831)$

해답 $P_r(X^2 \geq 20.4831) = 0.025$

(c) $df = 15$, $P_r(X^2 \leq 24.9958)$

해답 $P_r(X^2 \leq 24.9958) = 0.95$

(d) $df = 15$, $P_r(X^2 \leq 6.26214)$

해답 $P_r(X^2 \leq 6.26214) = 0.025$

(e) $df = 15$, $P_r(6.26214 \leq X^2 \leq 27.4884)$

해답 $P_r(6.26214 \leq X^2 \leq 27.4884) = 0.95$

(f) $df = 12$, $P_r(5.22603 \leq X^2 \leq 21.0261)$

해답 $P_r(5.22603 \leq X^2 \leq 21.0261) = 0.95 - 0.05 = 0.90$

11. 모평균과 모분산이 각각 $\mu = 50$, $\sigma^2 = 25$인 정규모집단으로부터 10개의 표본을 관측한 결과 표본평균과 표본분산이 각각 $\overline{X} = 51$, $S^2 = 38$과 같이 구해졌다.

힌트 $\dfrac{(n-1)S^2}{\sigma^2} \sim \chi^2_{(n-1)}$을 이용

(a) 표본분산 S^2의 분포에 대한 χ^2값을 구하라.

해답 $X^2 = \dfrac{(10-1) \times 38}{25} = 13.68$

(b) 〈부록 VI〉의 [표 5]를 이용해 이 χ^2값 이상이 나타날 확률의 근사값을 구하라.

해답 $X^2 \sim \chi^2_{(9)}$이므로 〈부록 VI〉의 [표 5]에서 $P_r(\chi^2 \geq 13.68) \approx 0.10$이다.

12. 한 정규모집단으로부터 관측한 10개 표본값의 평균이 $\overline{X} = 50$이었다. 이 모집단의 모분산이 $\sigma^2 = 25$임을 알고 있을 때 모평균 μ에 대한 95% 신뢰구간을 구하라.

해답 μ에 대한 95% 신뢰구간은 σ^2을 알고 있으므로 $\left(\overline{X} \pm 1.96 \dfrac{\sigma}{\sqrt{n}}\right)$이다.

$$\therefore \left(50 \pm 1.96 \frac{5}{\sqrt{10}}\right) = (50 \pm 1.96 \times 1.581) = (50 \pm 3.099)$$

$$= (46.901, 53.099)$$이다.

13. 서울 시내 미세먼지 농도를 측정하기 위해 100개의 행정동들을 임의로 선발해 미세먼지 농도를 측정한 결과 평균과 분산이 각각 $\overline{X} = 70$, $S^2 = 30$이었다. 서울 시내 미세먼지 평균 농도에 대한 95% 신뢰구간을 구하라. 또한 99% 신뢰구간을 구하라.

해답 σ^2을 모르므로 S^2으로 대체하나 표본 수 $n = 100$이 상당히 크므로 정규분

포를 이용한다.

(i) 95% 신뢰구간 :

$$\left(\overline{X} \pm 1.96 \frac{S}{\sqrt{n}}\right) = \left(70 \pm 1.96 \frac{\sqrt{30}}{10}\right)$$

$$= (70 \pm 1.96 \times 0.548) = (70 \pm 1.07) = (68.93, 71.07)$$

(ii) 99% 신뢰구간 : 위의 신뢰구간에서 신뢰계수를 2.57로 바꾸면 된다.

$$(70 \pm 2.57 \times 0.548) = (70 \pm 1.408) = (68.59, 71.408)$$

14. 고등학생 한 달 사교육비를 파악하기 위해 50명의 학부모를 임의로 선발해 사교육비를 조사한 결과 평균과 분산이 각각 $\overline{X} = 450{,}000$원, $S^2 = 200{,}000$원이었다. 우리나라 한 달 사교육비가 정규분포를 따른다고 할 때 한 달 사교육비에 대한 95% 신뢰구간을 구하라. 또한 90% 신뢰구간을 구하라.

해답 $\overline{X} = 450,000, S^2 = 200,000$이고, $n = 50$이므로 정규분포를 이용한다.

(i) 90% 신뢰구간 :

$$\left(\overline{X} \pm 1.645 \frac{S}{\sqrt{n}}\right) = \left(450,000 \pm 1.645 \frac{\sqrt{200,000}}{\sqrt{50}}\right)$$

$$= (450,000 \pm 1.645 \times 63.246)$$

$$= (450,000 \pm 104.04) = (449,895.96, 450,104.04)$$

(ii) 95%의 신뢰구간 : 위 신뢰구간에서 신뢰계수를 1.96으로 바꾸면 된다.

$$(450,000 \pm 1.96 \times 63.246) = (450,000 \pm 123.96)$$

$$= (449,876.04, 450,123.96)$$

15. 낙동강에 있는 녹조 조사를 위해 남조류 세포수를 측정했다. 낙동강 50개 지역으로부터 물을 임의로 취수해 남조류 수를 측정한 결과 물 1ml당 남조류 수의 평균과 분산이 각각 $\overline{X} = 150$, $S^2 = 100$이었다. 낙동강 물 1ml당 남조류 수의 평균에 대한 95% 신뢰구간을 구하라. 또한 99% 신뢰구간을 구하라.

해답 $\overline{X} = 150, S^2 = 100, n = 50$이므로 정규분포를 이용한다.

(i) 95% 신뢰구간 :

$$\left(\overline{X} \pm 1.96 \frac{S}{\sqrt{n}}\right) = \left(150 \pm 1.96 \frac{10}{\sqrt{50}}\right) = (150 \pm 1.96 \times 1.414)$$

$$= (150 \pm 2.77) = (147.23, 152.77)$$

(ii) 99%의 신뢰구간 : 위의 신뢰구간에서 신뢰계수를 2.57로 바꾸면 된다.

$$(150 \pm 2.57 \times 1.414) = (150 \pm 3.63) = (146.37, 153.63)$$

16. 한 화장품 회사 제품의 화장품 용량이 10ml라고 표시되어 있다. 소비자 보호원에서는 이 화장품 용량이 표시된 용량과 동일한가를 판단하기 위해 화장품 열 개를 표본으로 추출해 조사한 결과 다음과 같은 결과를 구했다.

9.5	9.7	10.2	9.5	8.7	9.4	10.3	10.0	9.9	10.9

힌트 평균 $\overline{X} = 9.81$, 표준편차 $S = 0.599$이다.

(a) 표본결과를 이용해 화장품 용량의 95% 신뢰구간을 구하라.

해답 $n = 10$이므로 자유도 9인 t분포에서 $t_{(0.025;\ d.f.=9)} = 2.262$이다.

∴ 95% 신뢰구간은

$$\left(9.81 \pm 2.262 \times \frac{0.599}{\sqrt{10}}\right) = (9.81 \pm 2.262 \times 0.1894)$$
$$= (9.81 \pm 0.43) = (9.38, 10.24)\text{이다.}$$

(b) (a)의 결과에 의할 때 화장품 용량이 10ml라는 화장품 회사의 주장을 받아들일 수 있는가?

해답 10ml가 95% 신뢰구간 안에 있으므로 화장품 회사의 주장을 받아들일 수 있다.

17. 지난 여름에 16일 동안 서울지역의 최고 미세먼지 농도(단위 : $\mu g/m^3$)를 측정한 결과가 다음과 같다.

30	28	36	34	32	35	29	30
33	37	30	28	33	34	28	36

서울지역 여름의 일별 최고 미세먼지 농도가 정규분포를 따른다고 할 때 최고 미세먼지 농도의 평균에 대한 95% 신뢰구간을 구하라.

해답 평균 $\overline{X} = 32.06$, 표준편차 $S = 3.108$이다.

(i) $n = 16$이므로 자유도 15인 t분포에서 $t_{(0.025;\ d.f.=15)} = 2.131$이다.

∴ 95% 신뢰구간은

$$\left(32.06 \pm 2.131 \times \frac{3.108}{\sqrt{16}}\right) = (32.06 \pm 2.131 \times 0.777)$$
$$= (32.06 \pm 1.656) = (30.404, 33.716)\text{이다.}$$

18. 어떤 지역의 필라테스 A학원과 필라테스 B학원을 다니는 고객의 나이는 분산이 각각 48과 50인 정규분포를 따른다고 한다. 필라테스 A학원을 다니는 회원 중 12명, 필라테스 B학원을 다니는 회원 중 10명을 임의추출하였을 때 나이의 표본평균은 각각 40과 34이며, 두 표본은 서로 독립이다. 필라테스 A학원을 다니는 회원의 평균나이를 μ_A, 필라테스 B학원을 다니는 회원의 평균나이를 μ_B라 할 때 $\mu_A - \mu_B$에 대한 95% 신뢰구간은?

해답 $(40-34) \pm Z_{0.025}\sqrt{\dfrac{48}{12}+\dfrac{50}{10}} = (0.12, 11.88)$

19. 동작구의 미세먼지 농도는 평균이 $65\mu g/m^3$이고 표준편차가 $15\mu g/m^3$인 정규분포를 따른다고 한다. 동작구에서 임의추출한 n개의 동의 평균 미세먼지 농도가 60 $\mu g/m^3$보다 클 확률이 0.95 이상이 되도록 하는 최소표본크기 n은 무엇인가?

해답 $\dfrac{60-65}{15/\sqrt{n}} \le -1.645$

$\sqrt{n} \ge \dfrac{-1.645 \times 15}{-5} = 4.935$

$n \ge 24.3542$

따라서 평균 미세먼지 농도가 $60\mu g/m^3$보다 클 확률이 0.95 이상이 되도록 하는 최소 표본 크기 n은 25이다.

20. 한 대통령 후보자가 자신에 대한 지지도를 조사하기 위해 국민 100명을 임의로 추출해 조사한 결과 49명이 지지한다고 응답했다.

(a) 이 후보에 대한 지지율의 95% 신뢰구간을 구하라.

해답 $\hat{P} = 0.49$이므로 95% 신뢰구간은

$$\left(\hat{P} \pm 1.96\sqrt{\frac{\hat{P}(1-\hat{P})}{n}}\right) = \left(0.49 \pm 1.96\sqrt{\frac{0.49 \times 0.51}{100}}\right)$$

$$= (0.49 \pm 1.96 \times 0.05) = (0.49 \pm 0.098)$$

$= (0.392, 0.588)$이다.

(b) 대통령 후보가 두 사람만 출마한다고 할 때 (a)의 결과에 의해 위의 후보가 당선될 가능성이 있는가를 판단하라.

해답 그 후보에 대한 실제 지지율의 95% 신뢰구간은 (0.392, 0.588)로 50%를 포함하고 있으나 신뢰구간 안에 50% 미만도 포함되어 있으므로 단정적으로 그 후보가 당선 가능성이 있다고 말할 수 없다.

21. 한 여론조사기관에서 수술실 CCTV 설치 의무화에 대한 내용으로 찬성 여부를 조사한 결과 200명의 조사대상자 중 110명이 찬성한다고 응답했다.

힌트 $\hat{P} = \frac{110}{200} = 0.55$이다.

(a) 위의 조사결과를 이용해 CCTV 설치 의무화에 대한 전체 국민의 찬성률에 대한 95% 신뢰구간을 구하라.

해답 95% 신뢰구간은

$$\left(0.55 \pm 1.96\sqrt{\frac{0.55 \times 0.45}{200}}\right) = (0.55 \pm 1.96 \times 0.035) = (0.55 \pm 0.069)$$
$$= (0.481, 0.619)\text{이다.}$$

(b) (a)의 결과에 의할 때 우리나라 국민 중 과반수가 CCTV 의무 설치안을 찬성한다고 볼 수 있는가?

해답 95% 신뢰구간이 50%를 포함하고 있으나 신뢰구간 안에 50% 미만도 포함되어 있으므로 단정적으로 과반수가 찬성한다고는 말할 수 없다.

22. [연습문제 16]에 주어진 자료를 이용해 모분산 σ^2에 대한 95% 신뢰구간을 구하라.

해답 [연습문제 16]에서 $S^2 = 0.599^2 = 0.3588$이다. $\frac{(n-1)S^2}{\sigma^2} \sim \chi^2_{(n-1)}$이며, 자유도 9인 χ^2분포에서 $\chi^2_{0.975} = 2.70039$, $\chi^2_{0.025} = 19.0228$이다.

$\therefore$ σ^2에 대한 95% 신뢰구간을 $\left(\frac{(n-1)S^2}{\chi^2_{0.025}}, \frac{(n-1)S^2}{\chi^2_{0.975}}\right)$을 이용해 구하면

$$\left(\frac{9 \times 0.3588}{19.0228}, \frac{9 \times 0.3588}{2.70039}\right) = (0.1698, 1.1958)\text{이다.}$$

23. [연습문제 17]에 주어진 자료를 이용해 모분산 σ^2에 대한 95% 신뢰구간을 구하라.

해답 [연습문제 17]에서 $S^2 = (3.108)^2 = 9.6597$이다. 자유도 15인 χ^2분포에서 $\chi^2_{0.975} = 6.26214$, $\chi^2_{0.025} = 27.4884$이다.

$\therefore$ σ^2에 대한 95% 신뢰구간은

$$\left(\frac{15 \times 9.6597}{27.4884}, \frac{15 \times 9.6597}{6.26214}\right) = (5.2711, 23.1383)\text{이다.}$$

제8장 가설검정

01. 검정통계량이 표준정규분포를 따른다고 할 때 확률변수 Z의 분포 그림을 그리고, 다음 각 기각역을 음영으로 표현하라.

(a) $Z > 1.96$　　(b) $Z > 1.645$

(c) $Z > 2.58$　　(d) $Z < -1.28$

(e) $Z < -1.645$ 또는 $Z > 1.645$　　(f) $Z < -1.96$ 또는 $Z > 1.96$

해답

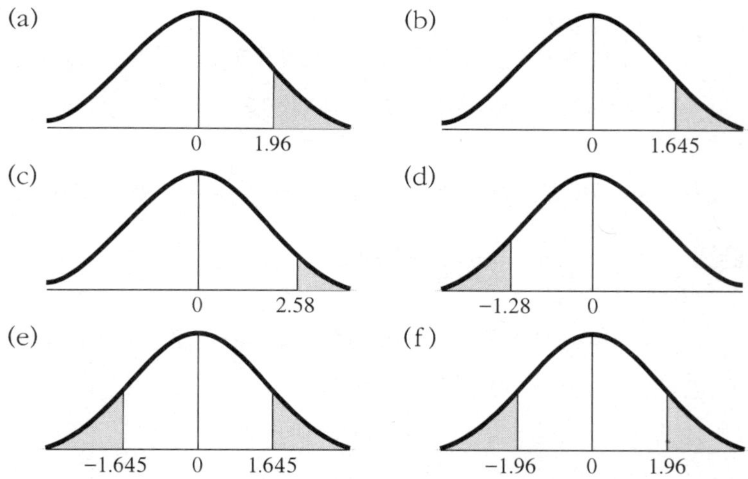

02. [연습문제 1]의 각 기각역에 대한 제1종 오류의 크기, 즉 유의수준 α를 구하라.

해답 제1종 오류는 [연습문제 1]에서 음영 부분의 확률이다.

(a) $\alpha = 0.025$　　(b) $\alpha = 0.05$

(c) $\alpha = 0.005$　　(d) $\alpha = 0.10$

(e) $\alpha = 0.10$　　(f) $\alpha = 0.05$

03. 확률변수 X는 시행횟수가 10이고 성공확률이 p인 이항분포를 따른다고 한다. 성공확률 p에 대한 가설 $H_0: p = 0.5$ vs $H_1: p < 0.5$의 기각역이 '$X \le 1$'일 때 제1종 오류(type I error)를 범할 확률은?

해답 귀무가설이 참일 때 귀무가설을 기각하는 오류가 제1종 오류이므로 문제로부터 구해야 하는 확률은 귀무가설 $p = 0.5$일 때 기각역에 해당하는 확률인 $P(X \le 1) = \binom{10}{0}0.5^{10} + \binom{10}{1}0.5^{10} = (1+10)\,0.5^{10} \approx 0.0107$이다.

04. 미지의 모평균 μ를 갖는 분포로부터 n개의 표본을 추출했다고 할 때 다음 각 경우에 대한 검정을 실시하라.

(a) $H_0: \mu = 10,\ H_1: \mu \ne 10,\ n = 70,\ \overline{X} = 11.2,\ S = 7.3,\ \alpha = 0.05$

해답 $T = \dfrac{11.2 - 10}{\dfrac{7.3}{\sqrt{70}}} = \dfrac{1.2}{0.8725} = 1.375$

$n = 70$이므로 정규분포를 이용해 검정하고, $P_r(|Z| > 1.96) = 0.05$이며 $|T| = 1.375 < 1.96$이므로 H_0을 채택한다.

(b) $H_0: \mu = 76,\ H_1: \mu > 76,\ n = 50,\ \overline{X} = 80,\ S^2 = 413,\ \alpha = 0.10$

해답 $T = \dfrac{80 - 76}{\sqrt{\dfrac{413}{50}}} = \dfrac{4}{2.874} = 1.39$

$n = 50$이므로 정규분포를 이용해 검정하고, $P_r(Z > 1.29) = 0.1$이며 $T = 1.39 > 1.29$이므로 H_0을 기각한다.

(c) $H_0: \mu = 0.2,\ H_1: \mu > 0.20,\ n = 40,\ \overline{X} = 0.19,\ S = 0.02,\ \alpha = 0.01$

해답 $T = \dfrac{0.19 - 0.2}{\dfrac{0.02}{\sqrt{40}}} = \dfrac{-0.01}{0.00316} = -3.16$

$n = 40$이므로 정규분포를 이용해 검정하고, $P_r(Z > 2.33) = 0.01$이며 $T = -3.16 < 2.33$이므로 H_0을 채택한다.

(d) $H_0: \mu = 20,\ H_1: \mu \ne 20,\ n = 15,\ \overline{X} = 24,\ S = 8,\ \alpha = 0.05$

해답 $T = \dfrac{24 - 20}{\dfrac{8}{\sqrt{15}}} = \dfrac{4}{2.066} = 1.936$

$n = 15$이므로 자유도 14인 t분포를 이용해 검정하고, $P_r(|T| > 2.145) = 0.05$이며 $|T| = 1.936 < 2.13$이므로 H_0을 채택한다.

(e) $H_0 : \mu = 50, H_1 : \mu \neq 50, n = 20, \overline{X} = 45, S = 10, \alpha = 0.05$

해답 $T = \dfrac{45-50}{\dfrac{10}{\sqrt{20}}} = \dfrac{-5}{2.236} = -2.236$

$n = 20$이므로 자유도 19인 t분포를 이용해 검정하고, $P_r(|T| > 2.093) = 0.05$이며, $|T| = 2.236 > 2.093$이므로 H_0을 기각한다.

05. 미지의 모평균 μ를 갖는 분포로부터 n개의 표본을 추출했다고 할 때 다음 각 경우에 대한 검정을 실시하라.

(a) $H_0 : \mu = 0, H_1 : \mu \neq 0, n = 175, \overline{X} = 6.5, S^2 = 496.3, \alpha = 0.05$

해답 $T = \dfrac{6.5-0}{\sqrt{\dfrac{496.3}{175}}} = \dfrac{6.5}{1.68} = 3.87$

$n = 175$이므로 정규분포를 이용하고, $P_r(|Z| > 1.96) = 0.05$이며 $T = 3.87 > 1.96$이므로 H_0을 기각한다.

(b) $H_0 : \mu = 65, H_1 : \mu < 65, n = 86, \overline{X} = 63.8, S = 10.3, \alpha = 0.10$

해답 $T = \dfrac{63.8-65}{\dfrac{10.3}{\sqrt{86}}} = \dfrac{-1.2}{1.1107} = -1.08$

$n = 86$이므로 정규분포를 이용하고, $P_r(Z < -1.28) = 0.1$이며 $T = -1.08 > -1.28$이므로 H_0을 채택한다.

(c) $H_0 : \mu = 65, H_1 : \mu > 65, n = 186, \overline{X} = 68.2, S = 10.3, \alpha = 0.10$

해답 $T = \dfrac{68.2-65}{\dfrac{10.3}{\sqrt{186}}} = \dfrac{3.2}{0.755} = 4.238$

$n = 186$이므로 정규분포를 이용하고, $P_r(Z > 1.28) = 0.1$이며 $T = 4.238 > 1.28$이므로 H_0을 기각한다.

(d) $H_0 : \mu = 120, H_1 : \mu \neq 120, n = 18, \overline{X} = 115, S = 13.3, \alpha = 0.05$

해답 $T = \dfrac{115-120}{\dfrac{13.3}{\sqrt{18}}} = \dfrac{-5}{3.135} = -1.59$

$n = 18$이므로 자유도 17인 t분포를 이용하고, $P_r(|T| > 2.110) = 0.05$이며, $|T| = 1.59 < 2.11$이므로 H_0을 채택한다.

(e) $H_0 : \mu = 48, H_1 : \mu > 48, n = 10, \overline{X} = 52, S = 12.7, \alpha = 0.05$

해답 $T = \dfrac{52 - 48}{\dfrac{12.7}{\sqrt{10}}} = \dfrac{4}{4.016} = 0.99$

$n = 10$이므로 자유도 9인 t분포를 이용하고, $P_r(T > 1.833) = 0.05$이며 $T = 0.99 < 1.833$이므로 H_0을 채택한다.

06. 한 집단의 49개 관측값으로부터 다음과 같은 통계량을 구했다고 할 때,

$$\sum_{i=1}^{49} X_i = 50.3, \ \sum_{i=1}^{49} X_i^2 = 68$$

힌트 $\overline{X} = \dfrac{1}{n}\sum_{i=1}^{n} X_i = \dfrac{1}{49} \times 50.3 = 1.0265$

$$S^2 = \frac{1}{n-1}\left[\sum_{i=1}^{n} X_i^2 - n\overline{X}^2\right] = \frac{1}{48}[68 - 49 \times 1.0265^2]$$

$$= \frac{1}{48}[68 - 51.63] = \frac{1}{48} \times 16.37 = 0.341$$

$S = \sqrt{0.341} = 0.584$

(a) $H_0 : \mu = 1.18$에 대한 $H_1 : \mu < 1.18$의 검정을 실시하라.
($\alpha = 0.05$를 이용할 것)

해답 $T = \dfrac{1.0265 - 1.18}{\dfrac{0.584}{\sqrt{49}}} = \dfrac{-0.1535}{0.0834} = -1.84$

$n = 49$이므로 정규분포를 이용하며, $H_1 : \mu < 1.18$은 왼쪽 단측검정으로 $P_r(Z < -1.645) = 0.05$이다. $T = -1.84 < -1.645$이므로 H_0을 기각한다.

(b) $H_0 : \mu = 1.18$에 대한 $H_1 : \mu \neq 1.18$의 검정을 실시하라.
($\alpha = 0.05$를 이용할 것)

해답 (a)에서 구한 $T = -1.84$를 이용하며, $H_1 : \mu \neq 1.18$은 양측검정으로 $P_r(|Z| > 1.96) = 0.05$이다. $|T| = 1.84 < 1.96$이므로 H_0을 채택한다.

07. 한 통계기관에서는 3월 한 달간의 서울 노원구의 미세먼지 농도가 20 이상이라고 주장했다. 한 통계기관의 주장이 타당한가를 검정하기 위해 에어코리아에서 노원구의 3월 미세먼지 농도를 임의로 추출해 다음과 같은 자료를 구했다.

21.0	22.7	25.8	20.6	18.5	21.4	19.3	17.6	22.7	20.6
17.9	18.3	24.7	23.3	24.3	21.5	20.0	19.8	22.9	19.9

이 통계기관의 주장이 타당한가에 대해 $\alpha = 0.05$하에서 검정을 실시하라.

해답 $\overline{X} = 21.14, S = 2.338, n = 20$이다.

$H_0 : \mu = 20,\ H_1 : \mu > 20$인 오른쪽 단측검정이다.

$$T = \frac{21.14 - 20}{\frac{2.338}{\sqrt{20}}} = \frac{1.14}{0.523} = 2.18$$

자유도 19인 t분포에서 $P_r(T > 1.729) = 0.05$이며, $T = 2.18 > 1.729$이므로 H_0을 기각한다. 즉, 노원구 미세먼지 농도가 20 이상이라고 주장할 수 있다.

08. 병원에서 사용되는 진통제가 진통효과를 나타내는 데까지 걸리는 시간은 평균적으로 3.5분이라고 한다. 한 제약회사가 새로운 진통제를 만들었는데 이 진통제는 진통효과가 나타나는 데까지 걸리는 시간이 기존의 다른 진통제의 평균인 3.5분보다 짧다고 주장한다. 한 병원에서 15명의 환자를 대상으로 이 진통제를 임상실험한 결과 진통효과가 나타나는 데까지 걸린 시간의 평균과 분산이 각각 $\overline{X} = 3.0$분, $S^2 = 0.90$분이었다. 새로운 진통제의 진통효과가 나타나는 데까지 걸린 시간이 기존 진통제의 평균시간보다 적게 걸리는가에 대한 검정을 실시하라($\alpha = 0.05$).

해답 $H_0 : \mu = 3.5,\ H_1 : \mu < 3.5,\ \overline{X} = 3.0,\ S^2 = 0.9,\ n = 15$이므로

$$T = \frac{3.0 - 3.5}{\sqrt{\frac{0.9}{15}}} = \frac{-0.5}{0.2449} = -2.0416$$이다.

자유도 14인 t분포에서 $P_r(T < -1.761) = 0.05$이며, $T = -2.0416 < -1.761$이므로 H_0을 기각한다. 즉, 새로운 진통제의 평균시간이 기존의 진통제보다 적게 걸린다고 할 수 있다.

09. 한 쌀 제조회사에서는 5kg들이 자루에 쌀을 자동으로 채우는 기계를 도입했다. 이 기계가 실제로 자루에 5kg씩 채우는가를 알아보기 위해 이 기계를 이용해 채운 25자루의 실제 양을 조사한 결과, 평균과 분산이 각각 $\overline{X} = 5.3$kg, $S^2 = 1.25$kg이었다. 이 기계가 자루에 쌀을 5kg씩 채운다고 생각할 수 있는가에 대해 검정을 실시하라($\alpha = 0.05$).

해답 $H_0 : \mu = 5,\ H_1 : \mu \neq 5,\ \overline{X} = 5.3,\ S^2 = 1.25,\ n = 25$이므로

$$T = \frac{5.3 - 5}{\sqrt{\frac{1.25}{25}}} = \frac{0.3}{0.2236} = 1.3417$$이다.

자유도 24인 t분포에서 $P_r(|T| > 2.064) = 0.05$이며, $|T| = 1.3417 < 2.064$이므로 H_0을 채택한다. 이 기계가 쌀을 5kg씩 채운다고 할 수 있다.

10. 어느 자동차 부품 제조회사에서는 새로운 엔진이 대기오염 규격에 맞는지 확인하기 위해 테스트를 하고자 한다. 대기오염 규격에 따르면 모든 엔진의 평균방출량은 μ이고, 이는 20ppm을 넘겨서는 안 된다고 한다. 10개의 엔진을 점검했을 때 탄소 배출량은 다음과 같다.

15.6	16.2	22.5	20.5	16.4	19.4	16.6	17.9	12.7	13.9

제조업체가 대기오염 규격을 통과해 엔진을 공급할 수 있는가에 대해 유의수준 $\alpha = 0.05$에서 검정을 실시하라.

해답 $H_0 : \mu = 20,\ H_1 : \mu < 20,\ \overline{X} = 17.17,\ S^2 = 8.889,\ n = 10$

자유도 10인 t분포에서 $P_r(T < -1.812) = 0.05$이며,

$T = \dfrac{17.17 - 20}{\sqrt{8.889/10}} = -3.00 < -1.812$이므로 H_0을 기각한다.

11. 10개의 지역을 랜덤 추출해 3월 일주일 동안의 미세먼지 농도를 알아보고자 한다. 미세먼지 농도 수치가 다음과 같을 때 각 물음에 답하라.

(단위 : ㎍/m³)

28	57	42	35	61	39	55	46	49	38

분포의 경우 정규분포를 따른다고 가정하자.

(a) 평균과 분산을 구하라.

해답 $\bar{x} = 45,\ s^2 = 111.11$

(b) 평균미세먼지의 농도가 40㎍/m³ 이상인지 유의수준 $\alpha = 0.05$에서 검정을 실시하라.

해답 $H_0 : \mu = 40,\ H_1 : \mu > 40,\ \overline{X} = 45,\ S^2 = 111.11,\ n = 10$

자유도 10인 t분포에서 $P_r(T > 1.812) = 0.05$이며,

$T = \dfrac{45 - 40}{\sqrt{111.11/10}} = 1.5 < 1.812$이므로 H_0을 기각할 수 없음.

12. 두 모집단의 모평균의 동일성에 대한 검정 $H_0 : \mu_1 = \mu_2,\ H_1 : \mu_1 \neq \mu_2$을 실시하기 위해 두 집단으로부터 각각 크기가 n_1과 n_2인 표본을 추출해 다음과 같은 통계량을 구했다. 위의 H_0와 H_1에 대한 검정을 $\alpha = 0.05$하에서 실시하라.

(a)

통계량 \ 집단	I	II
n	30	20
$\overline{X}$	23	26
S^2	7.5	6.3

조건 : $\sigma_1^2 = \sigma_2^2 = \sigma^2$

해답 $$S_p^2 = \frac{(n_1-1)S_1^2+(n_2-1)S_2^2}{n_1+n_2-2} = \frac{29\times 7.5+19\times 6.3}{30+20-2} = \frac{337.2}{48} = 7.025$$

$$T = \frac{\overline{X}_1-\overline{X}_2}{\sqrt{S_p^2\left(\frac{1}{n_1}+\frac{1}{n_2}\right)}} = \frac{23-26}{\sqrt{7.025\left(\frac{1}{30}+\frac{1}{20}\right)}} = \frac{-3}{0.765} = -3.922$$

$n_1+n_2=50$이므로 정규분포를 이용하며, $P_r(|Z|>1.96)=0.05$이다.

$|T|=3.922>1.96$이므로 H_0을 기각한다.

(b)

통계량 \ 집단	I	II
n	50	50
$\overline{X}$	48	53
S^2	17.3	22.8

두 모분산의 동일성 조건 없음

해답 $$T = \frac{\overline{X}_1-\overline{X}_2}{\sqrt{\frac{S_1^2}{n_1}+\frac{S_2^2}{n_2}}} = \frac{48-53}{\sqrt{\frac{17.3}{50}+\frac{22.8}{50}}} = \frac{-5}{0.8955} = -5.583$$

$n_1+n_2=100$이므로 정규분포를 이용하며, $P_r(|Z|>1.96)=0.05$이다.

$|T|=5.583>1.96$이므로 H_0을 기각한다.

($\sigma_1^2=\sigma_2^2$의 조건이 없는 경우에는 이와 다른 방법을 이용하는 경우도 있다.)

(c)

통계량 \ 집단	I	II
n	12	13
$\overline{X}$	17.5	14.3
S^2	9.5	8.7

조건 : $\sigma_1^2 = \sigma_2^2 = \sigma^2$

해답 $$S_p^2 = \frac{(n_1-1)S_1^2+(n_2-1)S_2^2}{n_1+n_2-2} = \frac{11\times 9.5+12\times 8.7}{12+13-2} = \frac{208.9}{23} = 9.0826$$

$$T = \frac{17.5-14.3}{\sqrt{9.0826\left(\frac{1}{12}+\frac{1}{13}\right)}} = \frac{3.2}{1.2064} = 2.6525$$

$n_1+n_2=25$이므로 자유도 23인 t분포를 이용하며, $P_r(|T|>2.069)=0.05$이다. $|T|=2.6525>2.069$이므로 H_0을 기각한다.

13. 두 모집단의 모평균의 동일성에 대한 검정 $H_0 : \mu_1 = \mu_2$, $H_1 : \mu_1 \neq \mu_2$을 실시하기 위해 각 집단으로부터 독립으로 표본을 추출해 다음과 같은 통계량을 구했다. 두 모집단의 모분산이 동일($\sigma_1^2 = \sigma_2^2$)하다고 할 때 위의 H_0와 H_1에 대한 검정을 $\alpha = 0.05$하에서 실시하라.

(a)

통계량 \ 집단	I	II
n	40	50
$\overline{X}$	4.2	3.7
S^2	0.33	0.27

해답 $S_p^2 = \dfrac{39 \times 0.33 + 49 \times 0.27}{40 + 50 - 2} = \dfrac{26.1}{88} = 0.2966$

$$T = \frac{4.2 - 3.7}{\sqrt{0.2966\left(\frac{1}{40} + \frac{1}{50}\right)}} = \frac{0.5}{0.1155} = 4.329$$

$n_1 + n_2 = 90$이므로 정규분포를 이용하며, $P_r(|Z| > 1.96) = 0.05$이다.

$|T| = 4.329 > 1.96$이므로 H_0을 기각한다.

(b)

통계량 \ 집단	I	II
n	15	15
$\overline{X}$	24.4	20.3
S^2	7.9	5.1

해답 $n_1 = n_2 = 15$이므로 $S_p^2 = \dfrac{7.9 + 5.1}{2} = 6.5$이다.

$$T = \frac{24.4 - 20.3}{\sqrt{6.5\left(\frac{1}{15} + \frac{1}{15}\right)}} = \frac{4.1}{0.9309} = 4.404$$

$n_1 + n_2 = 30$이므로 자유도 28인 t분포를 이용하며, $P_r(|T| > 2.048) = 0.05$이다.

$|T| = 4.404 > 2.048$이므로 H_0을 기각한다.

14. 두 가지 서로 다른 미세먼지 측정방법을 비교하기 위해 100개의 지역을 임의로 각 50개씩 두 집단으로 나누어 두 가지 서로 다른 측정방법을 이용해 측정한 결과 다음과 같은 통계량을 구했다.

$\overline{X} = 74,\ S_1 = 9$

$\overline{X} = 71,\ S_2 = 10$

두 가지 측정방법에 차이가 있는가를 유의수준 5%하에서 검정하라.

해답 $H_0 : \mu_1 = \mu_2$, $H_1 : \mu_1 \neq \mu_2$

두 집단의 모분산이 동일하다고 볼 수 있고(∵ 같은 조건의 지역을 두 집단으로 나누었기 때문) $n_1 = n_2 = 50$이므로 $S_p^2 = \frac{1}{2}(S_1^2 + S_2^2) = \frac{1}{2}(81 + 100) = 90.5$이다.

$$T = \frac{74 - 71}{\sqrt{90.5\left(\frac{1}{50} + \frac{1}{50}\right)}} = \frac{3}{1.9026} = 1.577$$

$n_1 + n_2 = 100$이므로 정규분포를 이용하며, $P_r(|Z| > 1.96) = 0.05$이다.

$|T| = 1.577 < 1.96$이므로 H_0을 채택한다. 즉, 두 가지 측정방법에 차이가 없다고 할 수 있다.

15. 두 가지 서로 다른 미세먼지 측정방법을 비교하기 위해 80일을 랜덤하게 각 40일씩 두 집단으로 나눈 후에 두 가지 서로 다른 미세먼지 측정방법을 이용해 얻은 미세먼지 농도가 다음과 같이 관측되었다.

통계량 \ 측정방법	I	II
n	40	40
$\overline{X}$	10㎍/m³	8㎍/m³
S^2	4.3	5.7

두 미세먼지 측정방법의 결과가 동일한가를 유의수준 5%하에서 검정하라.

해답 $H_0 : \mu_1 = \mu_2$, $H_1 : \mu_1 \neq \mu_2$

동일 환경의 관측값들을 두 집단으로 나누었으므로 $\sigma_1^2 = \sigma_2^2$을 전제로 함.

$n_1 = n_2 = 40$이므로 $S_p^2 = \frac{1}{2}(4.3 + 5.7) = 5$이다.

$$T = \frac{10 - 8}{\sqrt{5\left(\frac{1}{40} + \frac{1}{40}\right)}} = \frac{2}{0.5} = 4.0$$

$n_1 + n_2 = 80$이므로 정규분포를 이용하며, $|Z| = 4.0 > 1.96$이므로 H_0을 기각한다.

즉, 두 미세먼지 측정방법의 결과가 동일하지 않다고 할 수 있다.

16. 공기청정기 판매업자는 공기청정기의 설치장소에 따라 판매량의 차이가 있다고 생각한다. 특정한 두 지역에 설치된 두 대의 공기청정기에서 14일 동안 관측한 평균 미세먼지 농도의 평균과 표준편차가 각각 다음과 같다고 할 때 두 지역에 설치된 공기청정기의 판매량이 서로 다르다고 할 수 있는지에 대해 유의수준 5%하에서 검정을 실시하라($\sigma_1^2 = \sigma_2^2$을 가정할 것).

통계량 \ 설치 위치	I	II
n	14	14
$\overline{X}$	32.5	28.5
S^2	5.0	4.5

해답 $H_0: \mu_1 = \mu_2$, $H_1: \mu_1 \neq \mu_2$

$n_1 = n_2 = 14$이므로 $S_p^2 = \frac{1}{2}(5.0 + 4.5) = 4.75$이다.

$$T = \frac{32.5 - 28.5}{\sqrt{4.75\left(\frac{1}{14} + \frac{1}{14}\right)}} = \frac{4}{0.824} = 4.854$$

$n_1 + n_2 = 28$이므로 자유도 26인 t분포로부터 $P_r(|T| > 2.056) = 0.05$이다.

$|T| = 4.854 > 2.056$이므로 H_0을 기각한다.

즉, 두 지역에 설치된 공기청정기 판매량이 서로 다르다 할 수 있다.

17. 한 기업가는 두 공장의 생산량이 서로 다른가를 비교하기 위하여 10일 동안 두 공장에서 생산된 제품의 양에 대한 다음과 같은 통계량을 구하였다. 두 공장의 평균 생산량이 서로 다른가에 대해 유의수준 5%하에서 검정을 실시하라($\sigma_1^2 = \sigma_2^2$을 가정할 것).

통계량 \ 공장	I	II
n	10	10
$\overline{X}$	35	31
S^2	17.0	19.2

해답 $H_0: \mu_1 = \mu_2$, $H_1: \mu_1 \neq \mu_2$

$n_1 = n_2 = 10$ 이므로 $S_p^2 = \frac{1}{2}(17.2 + 19.1) = 18.15$이다.

$$T = \frac{35 - 31}{\sqrt{18.15\left(\frac{1}{10} + \frac{1}{10}\right)}} = \frac{4}{1.905} = 2.0997$$

$n_1 + n_2 = 20$이므로 자유도 18인 t분포로부터 $P_r(|T| > 2.101) = 0.05$이다.

$|T| = 2.0997 < 2.101$이므로 H_0을 채택한다.

즉, 두 공장의 평균생산량이 다르다고 볼 수 없다.

18. 두 집단으로부터 각각 8개의 미세먼지 농도 관측값을 얻은 결과가 다음 표와 같다.

집단 I	12.9	12.4	14.7	13.8	14.2	15.4	11.8	13.3
집단 II	13.0	15.1	13.7	16.6	15.2	12.3	14.8	15.8

위의 관측값을 이용해 $\sigma_1^2 = \sigma_2^2$이라 할 때 두 집단의 모평균이 동일한가에 대한 검정을 실시하라(유의수준 $\alpha = 0.05$를 이용할 것).

해답 $H_0 : \mu_1 = \mu_2$, $H_1 : \mu_1 \neq \mu_2$

$\overline{X}_1 = 13.5625$, $S_1 = 1.201$, $n_1 = 8$ $\overline{X}_2 = 14.5625$, $S_2 = 1.451$, $n_2 = 8$

$T = -1.50$이면 자유도 14인 t분포에서 $P_r(|T| > 2.145) = 0.05$이다.

$|T| = 1.50 < 2.145$이므로 H_0을 채택한다.

즉, '두 집단의 모평균이 동일하다' 고 할 수 있다. 실제로 $T = -1.50$의 P값은 0.155이며, 이 값이 유의수준 $\alpha = 0.05$보다 크므로 H_0을 채택한다(P값은 *SPSS* 등과 같은 통계 패키지를 이용해 구한다).

19. 시멘트 제조업체는 시멘트 폐기물을 소각하는 과정에서 미세먼지 배출에 기여하는 질소산화물 배출을 줄이기 위해 배출량이 적게 발생하는 시멘트 A, B를 개발해 연소하는 과정에서 질소산화물 배출량을 측정하였다. 그 결과는 다음 표와 같다.

시멘트 A	68	58	59	72	64	67	70	74
시멘트 B	60	67	61	62	67	63	56	58

두 시멘트의 질소산화물 배출량이 동일한가에 대해 유의수준 5%하에서 검정을 실시하라($\sigma_1^2 = \sigma_2^2$을 가정할 것).

해답 $H_0 : \mu_1 = \mu_2$, $H_1 : \mu_1 \neq \mu_2$

$\overline{X}_1 = 67.75$, $S_1 = 4.683$, $n_1 = 8$ $\overline{X}_2 = 61.75$, $S_2 = 3.919$, $n_2 = 8$

$T = 2.78$이면 자유도 14인 t분포에서 $P_r(|t| > 2.145) = 0.05$이다.

$|T| = 2.78 > 2.145$이므로 H_0을 기각한다.

즉, 두 시멘트의 질소산화물 배출량이 동일하다고 볼 수 없다.

$T = 2.78$의 P값은 0.015이며, $\alpha = 0.05$보다 작으므로 H_0을 기각하게 된다.

20. 다음 자료는 6개의 작업장에서 각각 미세먼지 저감조치 전과 후에 측정한 6일간의 미세먼지 농도이다.

조치 전후 \ 작업장	1	2	3	4	5	6
조치실시 전	38	64	42	70	58	30
조치실시 후	41	58	43	65	52	29

미세먼지 저감조치의 실시로 미세먼지 농도가 줄어들었다고 주장할 수 있는가에 대해 유의수준 5%하에서 검정을 실시하라.

해답 짝진 표본의 모평균에 대한 검정문제로 미세먼지 저감조치 전의 값 = X, 미세먼지 저감조치 후의 값 = Y라 할 때 $D = X - Y$라면 가설을 D의 평균에 의해

$H_0 : \mu_D = 0$, $H_1 : \mu_D > 0$이다.

$\bar{d} = 2.333$, $S_d = 3.882$

$T = \dfrac{\bar{d}}{\frac{S_d}{\sqrt{n}}} = \dfrac{2.333}{\frac{3.882}{\sqrt{6}}} = 1.47$이며, T는 자유도 $n-1=5$인 t분포를 따른다.

자유도 5인 t분포에서 $P_r(T > 2.015) = 0.05$이며, $T = 1.47 < 2.015$이므로 H_0을 채택한다. 즉, 미세먼지 저감조치 전과 후에 차이가 없다.

21. 한 카페에서 요일별로 아메리카노와 카페라떼 판매량이 다르다고 한다. 이 카페에서 판매되는 두 가지 음료(아메리카노와 카페라떼)의 주문량이 서로 다른가를 비교하기 위해 어느 일주일간의 두 음료에 대한 주문 수량을 조사한 결과가 다음과 같다.

요일	아메리카노	카페라떼
월	120	91
화	74	43
수	134	169
목	95	112
금	337	238
토	294	221
일	379	325

위의 자료를 이용해 두 음료에 대한 주문량이 서로 다른가에 대해 유의수준 5% 하에서 검정을 실시하라.

해답 짝진 표본의 모평균에 대한 검정문제로 각 쌍에서 두 값의 차이를 D라 할 때,

$H_0 : \mu_D = 0$, $H_1 : \mu_D \neq 0$이다.

$\bar{d} = 33.4286$, $S_d = 47.504$

$T = \dfrac{33.4286}{\dfrac{47.504}{\sqrt{7}}} = 1.86$이며, T는 자유도가 6인 t분포를 따른다.

자유도 6인 t분포에서 $P_r(|t| > 2.447) = 0.05$이며, $|T| = 1.86 < 2.447$이므로 H_0을 채택한다. 즉, 두 음료의 주문량이 서로 다르다고 할 수 없다.

22. 반도체 제조회사 A는 새로 도입된 품질 개선 알고리즘을 적용해 보기로 하였다. 이를 위해 작업반 11개를 임의로 골라, 30분 동안 품질 개선 알고리즘 도입 전과 후의 불량품 개수를 세었다. 품질 개선 알고리즘 도입 전과 후의 불량품 개수에 차이가 있는가에 대해 검정을 실시하라.

도입 전 불량품 개수	6	5	4	7	9	3	5	3	6	7	5
도입 후 불량품 개수	0	1	4	3	5	2	1	4	3	2	7

해답 $t = 2.966$, H_0 기각

23. 에어코리아에서 개발한 두 가지의 미세먼지 측정 기기(A, B)의 측정 수준 차이가 있는가를 보기 위해 8개의 특정 지역을 선택해 두 측정 기기를 통해 구한 자료가 다음과 같다. 두 측정 기기의 측정결과가 동일하다고 볼 수 있는가에 대해 유의수준 5%하에서 검정을 실시하라.

지역	A	B
1	36.3	35.1
2	48.4	46.8
3	40.2	37.3
4	54.7	50.6
5	28.7	29.1
6	42.8	41.0
7	36.1	35.3
8	39.0	39.1

해답 짝진 표본의 모평균에 대한 검정문제로 각 쌍에서 두 값의 차이를 D라 할 때,

$H_0 : \mu_D = 0$, $H_1 : \mu_D \neq 0$이다.

$\bar{d} = 1.4875$, $S_d = 1.491$

$T = \dfrac{1.4875}{\frac{1.491}{\sqrt{8}}} = 2.82$이며, T는 자유도가 7인 t분포를 따른다.

자유도 7인 t분포에서 $P_r(|T| > 2.365) = 0.05$이며, $|T| = 2.82 > 2.365$이므로 H_0을 기각한다. 즉, 두 측정 기기의 측정결과가 동일하다고 볼 수 없다.

24. 여덟 명의 고지혈증 환자가 한 콜레스테롤을 낮추는 식습관 과정에 한 달간 참여하였다. 이 과정에 참여하기 전과 이 과정을 끝낸 후에 측정한 콜레스테롤 수치는 각각 다음과 같다.

사람 \ 콜레스테롤 수치	과정 전	과정 후
1	139.5	118.4
2	132.8	112.9
3	128.3	112.1
4	137.3	116.6
5	121.5	104.9
6	145.4	120.2
7	124.7	108.9
8	134.6	119.3

위의 자료에 의할 때 식습관 과정이 콜레스테롤 수치를 줄이는 데 효과가 있는가에 대해 유의수준 5%하에서 검정을 실시하라.

해답 짝진 표본의 모평균에 대한 검정문제로 과정 후의 결과가 과정 전보다 줄어들었는가에 관심이 있는 오른쪽 단측검정 문제이다.

$H_0 : \mu_D = 0$, $H_1 : \mu_D > 0$이다.

$\bar{d} = 18.85$, $S_d = 3.462$

$T = \dfrac{18.85}{\frac{3.462}{\sqrt{8}}} = 15.40$이며, T는 자유도가 7인 t분포를 따른다.

자유도 7인 t분포에서 $P_r(T > 1.895) = 0.05$이며, $T = 15.40 > 1.895$이므로 H_0는 기각된다. 즉, 식습관 과정이 콜레스테롤 수치를 줄이는 데 효과가 있다고 볼 수 있다.

25. 한 자동차 제조회사는 대기오염 주범인 질소산화물 배출을 줄일 수 있는 억제 기술을 개발했다. 아래 표는 6대의 차에 새로운 억제 기술을 적용하기 전과 후의 질소산화물 배출량이다. 적용 전후에 질소산화물 배출량에 차이가 있는가에 대해 검정을 실시하라.

차	억제 기술 적용 전	억제 기술 적용 후
A	11	6
B	15	11
C	17	13
D	10	8
E	16	12
F	21	17

해답 짝진 표본의 모평균에 대한 검정문제로 각 쌍에서 두 값의 차이를 D라 할 때,

$H_0 : \mu_D = 0,\qquad H_1 : \mu_D \neq 0$이다.

$\bar{d} = 3.833,\qquad S_d = 0.983$

$T = \dfrac{3.833}{\dfrac{0.983}{\sqrt{6}}} = 9.55$이며, T는 자유도가 5인 t분포를 따른다.

자유도가 5인 t분포에서 $P_r(\mid T \mid > 2.571) = 0.05$이며, $|T| = 9.55 > 2.571$이므로 H_0을 기각한다. 즉, 질소산화물 배출을 줄일 수 있는 억제 기술이 효과가 있다고 볼 수 있다.

26. 성공의 확률 P가 알려져 있지 않은 이항분포를 따르는 모집단으로부터 64개의 확률표본을 관측한 결과 표본비율 $\hat{P}$가 0.45였다. 다음 각 경우에 대한 가설검정을 유의수준 5%하에서 실시하라.

힌트 $n = 64$, $\hat{P} = 0.45$이며 (a)는 양측검정, (b)는 왼쪽 단측검정 문제이다.

(a) $H_0 : P = 0.5$, $H_1 : P \neq 0.5$

해답 $Z = \dfrac{\hat{P} - P_0}{\sqrt{\dfrac{P_0(1-P_0)}{n}}} = \dfrac{0.45 - 0.5}{\sqrt{\dfrac{0.5 \times 0.5}{64}}} = \dfrac{-0.05}{0.0625} = -0.8$

정규분포에서 $P_r(\mid Z \mid > 1.96) = 0.05$이며, $\mid Z \mid = 0.8 < 1.96$이므로 H_0을 채택한다.

(b) $H_0 : P = 0.5,\ H_1 : P < 0.5$

해답 Z를 구하는 과정은 (a)와 같으나 기각역은 $P_r(Z < -1.645) = 0.05$를 이용한다.

$Z = -0.8 > -1.645$이므로 H_0을 채택한다.

27. 성공의 확률 P가 알려져 있지 않은 이항분포를 따르는 모집단으로부터 100개의 확률표본을 관측한 결과 표본비율 $\hat{P}$가 0.9였다. 다음 각 경우에 대한 가설검정을 유의수준 5%하에서 실시하라.

힌트 $n = 100,\ \hat{P} = 0.9$이며 (a)는 오른쪽 단측검정, (b)는 양측검정 문제이다.

(a) $H_0 : P = 0.8,\ H_1 : P > 0.8$

해답 $Z = \dfrac{0.9 - 0.8}{\sqrt{\dfrac{0.8 \times 0.2}{100}}} = \dfrac{0.1}{0.04} = 2.5$

정규분포에서 $P_r(Z > 1.645) = 0.05$이며, $Z = 2.5 > 1.645$이므로 H_0을 기각한다.

(b) $H_0 : P = 0.85,\ H_1 : P \neq 0.85$

해답 $Z = \dfrac{0.9 - 0.85}{\sqrt{\dfrac{0.85 \times 0.15}{100}}} = \dfrac{0.05}{0.0357} = 1.400$

정규분포에서 $P_r(|Z| > 1.96) = 0.05$이며, $|Z| = 1.4 < 1.96$이므로 H_0을 채택한다.

28. 한 커피회사에서는 커피를 즐겨 마시는 사람들 중 40% 이상이 자기네 회사 커피를 선호한다고 주장했다. 사회조사기관에서 그 커피회사의 주장이 타당한가를 조사하기 위해 커피 애호가 200명을 임의로 추출해 조사한 결과 그 회사 커피를 선호하는 사람이 90명이었다. 커피회사의 주장이 통계적으로 타당한가를 유의수준 5%하에서 검정하라.

해답 $H_0 : P = 0.4,\quad H_1 : P > 0.4$

$n = 200, \qquad \hat{P} = \dfrac{90}{200} = 0.45$

$Z = \dfrac{0.45 - 0.4}{\sqrt{\dfrac{0.4 \times 0.6}{200}}} = \dfrac{0.05}{0.03464} = 1.443$

정규분포에서 $P_r(Z > 1.645) = 0.05$이며, $Z = 1.443 < 1.645$이므로 H_0을

채택한다.

즉, 그 회사 커피를 선호하는 사람들의 비율이 40% 이상이라는 주장은 타당하지 않다.

29. 심장병을 진단하는 데 사용되는 기존의 진단방법은 실제 심장병이 있는데도 불구하고 심장병이 없다고 판정하는 경우가 15%였다. 의학연구팀에 의해 새로 개발된 심장병 진단방법은 오진율이 기존의 방법보다 더 적다고 한다. 심장병을 앓는 70명의 환자들을 새로 개발된 진단방법으로 정밀 진단한 결과 6명이 심장병이 없다는 결과가 나왔다고 할 때 새로 개발된 진단방법이 기존의 진단방법보다 오진율이 낮다고 할 수 있는가에 대해 유의수준 5%하에서 검정을 실시하라.

해답 $H_0: P = 0.15,\ H_1: P < 0.15$

$n = 70, \qquad \hat{P} = \frac{6}{70} = 0.0857$

$$Z = \frac{0.0857 - 0.15}{\sqrt{\frac{0.15 \times 0.85}{70}}} = \frac{-0.0643}{0.0427} = -1.506$$

정규분포에서 $P_r(Z < -1.645) = 0.05$이며, $Z = -1.506 > -1.645$이므로 H_0을 채택한다.

즉, 새로운 진단방법의 오진율이 낮다고 볼 수 없다.

30. 한 주사위를 던졌을 때 짝수와 홀수가 나타날 가능성이 동일한가를 분석하기 위해 이 주사위를 100번 던진 결과 짝수가 57회 나타났다. 이 주사위의 짝수와 홀수가 나타날 가능성이 동일한가에 대해 유의수준 5%하에서 검정을 실시하라.

해답 $H_0: P = 0.5,\ H_1: P \neq 0.5$

$n = 100, \qquad \hat{P} = \frac{57}{100} = 0.57$

$$Z = \frac{0.57 - 0.5}{\sqrt{\frac{0.5 \times 0.5}{100}}} = \frac{0.07}{0.05} = 1.4$$

정규분포에서 $P_r(|Z| > 1.96) = 0.05$이며, $|Z| = 1.4 < 1.96$이므로 H_0을 채택한다.

즉, 짝 · 홀수가 나타나는 경우가 동일하다고 할 수 있다.

31. 한 농구선수의 평균 자유투 성공률이 0.35라고 알려져 있다. 이 선수가 한 해에 자유투 50회 중 15회 성공했다고 할 때, 이 선수의 자유투 성공률이 0.35라는 주장이 타당한가를 유의수준 5%하에서 검정하라.

해답 $H_0 : P = 0.35,\ \ H_1 : P \neq 0.35$

$$n = 50, \qquad \hat{P} = \frac{15}{50} = 0.3$$

$$Z = \frac{0.3 - 0.35}{\sqrt{\frac{0.35 \times 0.65}{50}}} = \frac{-0.05}{0.06745} = -0.741$$

정규분포에서 $P_r(|Z| > 1.96) = 0.05$이며, $|Z| = 0.741 < 1.96$이므로 H_0을 채택한다.

즉, 이 농구선수의 자유투 성공률은 0.35라 할 수 있다.

32. 두 개의 서로 다른 이항분포집단으로부터 각각의 크기가 500인 두 독립표본을 추출해 조사한 결과, 집단 I과 집단 II의 성공의 횟수가 각각 200과 250이었다. P_1과 P_2를 각각 집단 I과 집단 II에 대한 모비율이라 할 때, 다음 각 경우에 대한 가설검정을 실시하라.

힌트 $n_1 = n_2 = 500$

$$\hat{P}_1 = \frac{200}{500} = 0.4, \qquad \hat{P}_2 = \frac{250}{500} = 0.5$$

$$\hat{P} = \frac{200 + 250}{500 + 500} = \frac{450}{1,000} = 0.45$$

(a) $H_0 : P_1 = P_2,\ H_1 : P_1 \neq P_2,\ \alpha = 0.05$

해답 $$Z = \frac{\hat{P}_1 - \hat{P}_2}{\sqrt{\hat{P}(1-\hat{P})\left(\frac{1}{n_1} + \frac{1}{n_2}\right)}} = \frac{0.4 - 0.5}{\sqrt{0.45 \times 0.55\left(\frac{1}{500} + \frac{1}{500}\right)}}$$

$$= \frac{-0.1}{0.03146} = -3.1786$$

정규분포에서 $P_r(|Z| > 1.96) = 0.05$이며, $|Z| = 3.1786 > 1.96$이므로 H_0을 기각한다.

(b) $H_0 : P_1 = P_2,\ H_1 : P_1 \neq P_2,\ \alpha = 0.01$

해답 $Z = -3.1786$은 (a)에서 구한 결과와 동일하다. 정규분포에서 $P_r(|Z| > 2.57) = 0.01$이며, $|Z| = 3.1786 > 2.57$이므로 H_0을 기각한다.

(c) $H_0 : P_1 = P_2,\ H_1 : P_1 < P_2,\ \alpha = 0.01$

해답 $Z = -3.1786$

정규분포에서 $P_r(Z < -2.33) = 0.01$이며, $Z = -3.1786 > -2.33$이므로 H_0을 기각한다.

33. 암을 치료하는 두 가지 수술방법을 비교하기 위해 각각의 방법으로 수술한 환자들 100명 중 수술 후에 1년 이상 재발하지 않은 환자의 수를 측정한 결과가 다음 표와 같다. 이 자료를 이용해 두 가지 수술방법의 효과가 동일하다고 볼 수 있는가를 유의수준 5%하에서 검정을 실시하라.

수술방법 \ 통계량	n	성공적인 수술의 수
I	100	80
II	100	90

해답 $H_0 : P_1 = P_2$, $H_1 : P_1 \neq P_2$

$n_1 = n_2 = 100$, $\hat{P}_1 = 80 - 100 = 0.8$, $\hat{P}_2 = \frac{90}{100} = 0.9$

$\hat{P} = \frac{80+90}{200} = \frac{170}{200} = 0.85$

$$Z = \frac{0.8 - 0.9}{\sqrt{0.85 \times 0.15\left(\frac{1}{100} + \frac{1}{100}\right)}} = -1.98$$

$|Z| = 1.98 > 1.96$이며, 유의수준 5%하에서 P-value는 약 0.047이므로 H_0을 기각한다. 즉, 두 수술방법에 차이가 있다고 볼 수 있다.

34. 새로 개발된 공기청정기 필터 A와 기존에 사용 중인 필터 B의 효과를 비교 · 분석하기 위해 두 개의 동일한 크기의 밀폐된 공간에 각각 미세먼지가 200㎍/m³인 환경을 만든 후 필터 A와 B를 설치하고 한 시간 후에 미세먼지 농도를 측정한 결과가 다음 표와 같다. 표에 주어진 자료에 의할 때 새로 개발된 필터 A의 효과가 B의 효과보다 더 좋다고 할 수 있는지 유의수준 5%하에서 검정하라.

	필터 A	필터 B
미세먼지 농도(전)	200	200
미세먼지 농도(후)	120	80

해답 $H_0 : P_1 = P_2$, $H_1 : P_1 > P_2$

$n_1 = n_2 = 200$, $\hat{P}_1 = \frac{120}{200} = 0.6$, $\hat{P}_2 = \frac{80}{200} = 0.4$

$\hat{P} = \frac{120+80}{200+200} = \frac{200}{400} = 0.5$

$$Z = \frac{0.6 - 0.4}{\sqrt{0.5 \times 0.5\left(\frac{1}{200} + \frac{1}{200}\right)}} = \frac{0.2}{0.05} = 4.0$$

$P_r(Z > 1.645) = 0.05$이며, $Z = 4.0 > 1.645$이므로 H_0을 기각한다. 즉, A가 B보다 효과가 더 좋다고 할 수 있다.

35. 대통령 선거 기간 동안에 A후보자의 지지율을 알아보고자 한다. 관할구역 가에서는 120명의 투표자를 랜덤 추출한 결과 107명이 A후보자를 지지한다고 했으며, 관할구역 나에서는 141명 중 73명이 A후보자를 지지한다고 했다. 두 지역의 A후보 지지율이 동일한가에 대해 유의수준 5%하에서 검정을 실시하라.

해답 $H_0 : P_1 = P_2, \quad H_1 : P_1 \neq P_2$

$$n_1 = 120, \quad n_2 = 141, \quad \hat{P}_1 = \frac{107}{120} = 0.892, \quad \hat{P}_2 = \frac{73}{141} = 0.518$$

$$\hat{P} = \frac{107 + 73}{120 + 141} = 0.69$$

$$Z = \frac{0.892 - 0.518}{\sqrt{0.69 \times 0.31\left(\frac{1}{120} + \frac{1}{141}\right)}} = 6.511$$

정규분포에서 $P_r(|Z| > 1.96) = 0.05$이며, $|Z| = 6.511 > 1.96$이므로 H_0을 기각한다. 즉, 두 지역의 A후보 지지율이 동일하다고 볼 수 없다.

36. 어느 한 회사는 새로운 탈모 치료제를 개발했다. 새로 개발된 탈모 치료제를 남성과 여성에게 사용하게 하였다. 남성 120명 중 55명이 탈모 개선 효과를 보였고, 여성 70명 중 28명이 탈모가 개선되었다. 새로 개발된 탈모 치료제가 남성과 여성에게 치료 효과가 다르다고 할 수 있는지를 유의수준 5%하에서 검정하라.

해답 $H_0 : P_1 = P_2, \quad H_1 : P_1 > P_2$

$$n_1 = 120, \quad n_2 = 70, \quad \hat{P}_1 = \frac{55}{120} = 0.458, \quad \hat{P}_2 = \frac{28}{70} = 0.4$$

$$\hat{P} = \frac{55 + 28}{120 + 70} = \frac{83}{190} = 0.437$$

$$Z = \frac{0.458 - 0.4}{\sqrt{0.437 \times 0.563\left(\frac{1}{120} + \frac{1}{70}\right)}} = \frac{0.058}{0.0746} = 0.777$$

$Z = 0.777 < 1.645$이므로 5% 유의수준하에서 H_0을 채택한다. 즉, 탈모 치료제가 남성과 여성에 따라 치료 효과가 다르다고 할 수 없다.

37. 어느 여론조사기관에서 성인들을 대상으로 대통령의 직무수행 능력에 대해 전화 설문조사를 실시했다. 지난 대통령 선거에 참여한 사람들 중 990명이 이 여론조사에 참여했는데 이들 중 630명은 지난 선거에서 현 대통령을 뽑았으며, 나머지 360명은 현 대통령을 뽑지 않았다. 현 대통령을 뽑은 사람들 중에서는 72%가, 현 대통령을 지지하지 않은 사람들 중에서는 60%가 대통령이 직무를 잘 수행하고 있다고 대답했다. 두 집단에서 대통령의 직무수행 능력을 좋게 평가하고 있는 사람들의 비율에 차이가 있는가에 대해 유의수준 5%하에서 검정을 실시하라.

해답 $H_0 : P_1 = P_2$, $H_1 : P_1 \neq P_2$

$n_1 = 630$, $n_2 = 360$, $\hat{P}_1 = 0.72$, $\hat{P}_2 = 0.6$

$$\hat{P} = \frac{(630 \times 0.72) + (360 \times 0.6)}{630 + 360} = 0.676$$

$$Z = \frac{0.72 - 0.6}{\sqrt{0.676 \times 0.324 \times \left(\frac{1}{630} + \frac{1}{360}\right)}} = 3.88 > 1.96$$이므로 H_0을 기각한다.

38. 정규분포를 따르는 모집단으로부터 5개의 관측값을 표본으로 추출해 표본평균과 분산을 각각 $\overline{X} = 3.1$, $S^2 = 4.41$과 같이 구했다. 모분산에 대해 $H_0 : \sigma^2 = 2$, $H_1 : \sigma^2 \neq 2$ 의 검정을 유의수준 5%하에서 실시하라.

해답 $\frac{(n-1)S^2}{\sigma^2} \sim \chi^2_{(n-1)}$을 이용해 검정을 실시한다.

검정통계량 $X^2 = \frac{4 \times 4.41}{2} = 8.82 \sim \chi^2_{(4)}$이다.

자유도 4인 χ^2 분포에서 $P_r(0.484419 \leq \chi^2 \leq 11.1433) = 0.95$이다.

$X^2 = 8.82$가 위 구간에 포함되므로 H_0을 채택한다.

39. 정규분포를 따르는 모집단으로부터 25개의 관측값을 표본으로 추출해 표본평균과 분산을 각각 $\overline{X} = 72.6$, $S^2 = 19.6$과 같이 구했다. 모분산에 대해 $H_0 : \sigma^2 = 16$, $H_1 : \sigma^2 > 16$의 검정을 유의수준 5%하에서 실시하라.

해답 검정통계량 $X^2 = \frac{24 \times 19.6}{16} = 29.4$

$X^2 \sim \chi^2_{(24)}$이며, 오른쪽 단측검정이므로 자유도 24인 χ^2 분포에서

$P_r(\chi^2 > 36.4151) = 0.05$이다. $X^2 = 29.4 < 36.4151$이므로 H_0을 채택한다.

40. 한 지역에서 관측한 10일 동안의 미세먼지 농도가 다음과 같을 때, 이 미세먼지 농도의 분산이 $\sigma^2 = 30$이라 할 수 있는지 유의수준 5%하에서 검정을 실시하라.

145	138	153	147	158	140	142	151	143	144

해답 $H_0 : \sigma^2 = 30$, $H_1 : \sigma^2 \neq 30$

$\overline{X} = 146.1$, $S^2 = 38.77$, $n = 10$이다.

검정통계량 $X^2 = \frac{9 \times 38.77}{30} = 11.631$이며, $X^2 \sim \chi^2_{(9)}$이다.

자유도 9인 χ^2 분포에서 $P_r(2.70039 \leq \chi^2 \leq 19.0228) = 0.95$이며, X^2이 위 구간에 포함되므로 H_0을 채택한다. 즉, 분산 $\sigma^2 = 30$을 받아들일 수 있다.

41. [연습문제 12]의 (a)와 (b)에 있는 자료에서 각각의 경우 두 모분산이 동일($\sigma_1^2 = \sigma_2^2$)한가에 대해 유의수준 5%하에서 검정을 실시하라.

해답 두 모분산의 동일성 검정에서 검정통계량은 $F = \dfrac{S_1^2}{S_2^2}$이고 $F \sim F_{(v1,\ v2)}$이다.
여기에서 $S_1^2 \geq S_2^2$의 조건이 필요하며,
$v_1 = n_1 - 1$(S_1^2의 자유도), $v_2 = n_2 - 2$(S_2^2의 자유도)이다.

(a) $H_0 : \sigma_1^2 = \sigma_2^2, \quad H_1 : \sigma_1^2 \neq \sigma_2^2$
$n_1 = 30, \quad n_2 = 20, \quad S_1^2 = 7.5, \quad S_2^2 = 6.3$이므로
검정통계량 $F = \dfrac{7.5}{6.3} = 1.190$이며, $F \sim F_{(29,\ 19)}$이다.
자유도 (30, 19)인 F분포에서(자유도 (29, 19)인 F분포는 표에 없음)
$P_r(F > 2.07) = 0.05$이며, $F = 1.190 < 2.07$이므로 H_0을 채택한다.
즉, 두 모분산이 동일하다고 할 수 있다.

(b) $H_0 : \sigma_1^2 = \sigma_2^2, \quad H_1 : \sigma_1^2 \neq \sigma_2^2$
$n_1 = n_2 = 50, \quad S_1^2 = 17.3, \quad S_2^2 = 22.8$이므로
검정통계량 $F = \dfrac{22.8}{17.3} = 1.3179$이며, $F \sim F_{(49,\ 49)}$이다.
자유도 (40, 40)인 F분포에서(자유도 (49, 49)인 F분포는 표에 없음)
$P_r(F > 1.69) = 0.05$이며, $1.3179 < 1.69$이므로 H_0을 채택한다.

42. [연습문제 13]의 (a)와 (b)에 있는 자료에서 각각의 경우 두 모분산이 동일($\sigma_1^2 = \sigma_2^2$)한가에 대해 유의수준 5%하에서 검정을 실시하라.

해답

(a) $H_0 : \sigma_1^2 = \sigma_2^2, \quad H_1 : \sigma_1^2 \neq \sigma_2^2$
$n_1 = 40, \quad n_2 = 50, \quad S_1^2 = 0.33, \quad S_2^2 = 0.27$이므로
검정통계량 $F = \dfrac{0.33}{0.27} = 1.22$이며, $F \sim F_{(39,\ 49)}$이다.
자유도 (40, 60)인 F분포에서(자유도 (39, 49)인 F분포는 표에 없음)
$P_r(F > 1.59) = 0.05$이며, $F = 1.22 < 1.59$이므로 H_0을 채택한다.

(b) $H_0 : \sigma_1^2 = \sigma_2^2, \quad H_1 : \sigma_1^2 \neq \sigma_2^2$
$n_1 = n_2 = 15, \quad S_1^2 = 7.9, \quad S_2^2 = 5.1$이므로
검정통계량 $F = \dfrac{7.9}{5.1} = 1.549$이며, $F \sim F_{(14,\ 14)}$이다.
자유도 (15, 14)인 F분포에서 $P_r(F > 2.46) = 0.05$이다.
$F = 1.549 < 2.46$이므로 H_0을 채택한다.

43. [연습문제 18]의 자료에 대해 두 집단의 모분산이 동일($\sigma_1^2 = \sigma_2^2$)하다고 주장할 수 있는가에 대해 유의수준 5%하에서 검정을 실시하라.

해답 $H_0 : \sigma_1^2 = \sigma_2^2$, $\quad H_1 : \sigma_1^2 \neq \sigma_2^2$

$n_1 = n_2 = 8$, $\quad S_1^2 = 1.442$, $\quad S_2^2 = 2.1054$이므로

검정통계량 $F = \dfrac{2.1054}{1.442} = 1.46$이며, $F \sim F_{(7,\,7)}$이다.

자유도 (7, 7)인 F분포에서 $P_r(F > 3.79) = 0.05$이며, $F = 1.46 < 3.79$이므로 H_0을 채택한다.

44. [연습문제 19]의 자료에 대해 두 시멘트의 질소산화물 배출량에 대한 모분산이 동일($\sigma_1^2 = \sigma_2^2$)하다고 주장할 수 있는가에 대해 유의수준 5%하에서 검정을 실시하라.

해답 $H_0 : \sigma_1^2 = \sigma_2^2$, $\quad H_1 : \sigma_1^2 \neq \sigma_2^2$

$n_1 = n_2 = 8$, $\quad S_1^2 = 21.930$, $\quad S_2^2 = 15.359$이므로

검정통계량 $F = \dfrac{21.930}{15.359} = 1.4278$이며, $F \sim F_{(7,\,7)}$이다.

자유도 (7, 7)인 F분포에서 $P_r(F > 3.79) = 0.05$이며, $F = 1.4278 < 3.79$이므로 H_0을 채택한다.

45. 배터리를 생산하는 두 개의 생산라인이 있는데, 생산라인 A에서 생산된 배터리는 수명의 편차가 적은 데 비해, 생산라인 B에서 생산된 배터리는 수명의 편차가 큰 것으로 생각된다. 이 사실을 확인하기 위해 각 생산라인에서 생산된 배터리 50개씩을 임의로 추출해 수명을 측정한 결과, 평균과 표준편차가 각각 다음과 같다.

생산라인 A	생산라인 B
$\overline{X}_1 = 1,476$	$\overline{X}_2 = 1,520$
$S_1^2 = 37,000$	$S_2^2 = 92,000$

이 자료를 이용해 생산라인 B에서 생산된 배터리의 수명의 편차가 더 크다고 볼 수 있는가에 대해 유의수준 5%하에서 검정을 실시하라.

해답 $H_0 : \sigma_1^2 = \sigma_2^2$, $\quad H_1 : \sigma_1^2 < \sigma_2^2$

$n_1 = n_2 = 50$, $\quad S_1^2 = 37,000$, $\quad S_2^2 = 92,000$

검정통계량 $F = \dfrac{92,000}{37,000} = 2.486$이며, $F \sim F_{(49,\,49)}$이다.

자유도 (40, 40)인 F분포에서(자유도 (49, 49)인 F분포는 표에 없음)

$P_r(F > 1.69) = 0.05$이며, $F = 2.486 > 1.69$이므로 H_0을 기각한다.

즉, 두 생산라인에서 생산된 배터리의 수명의 분산이 같다고 볼 수 없다.

46. 한국 사람과 미국 사람의 혈중 콜레스테롤 수준을 비교하기 위해 각각의 나라에서 표준체중에 해당하는 사람들을 임의로 선발해 혈중 콜레스테롤 수준을 측정한 결과 다음과 같은 통계량을 구했다.

한국 사람	미국 사람
$\overline{X}_1 = 170$	$\overline{X}_2 = 196$
$S_1^2 = 198$	$S_2^2 = 435$
$n_1 = 16$	$n_2 = 24$

두 나라 사람들의 혈중 콜레스테롤 수준에 대한 분산이 동일하다고 볼 수 있는가에 대해 유의수준 5%하에서 검정을 실시하라.

해답 $H_0 : \sigma_1^2 = \sigma_2^2, \quad H_1 : \sigma_1^2 \neq \sigma_2^2$

$n_1 = 19, \quad n_2 = 24, \quad S_1^2 = 198, \quad S_2^2 = 435$

검정통계량 $F = \dfrac{435}{198} = 2.197$이며, $F \sim F_{(23,\ 18)}$이다.

자유도 (24, 18)인 F분포에서 $P_r(F > 2.15) = 0.05$이며, $F = 2.197 > 2.15$이므로 H_0을 기각한다.

즉, 두 나라 사람들의 혈중 콜레스트롤 수준의 분산이 동일하다고 볼 수 없다.

제9장 회귀분석과 상관분석

Introduction to **Statistics**, Solutions

01. 두 변수 X, Y의 표본상관계수 r에 대한 설명이다.

(a) r은 0 이상 1 이하이다. (×)

(b) $Y=X^2$의 관계가 있으면 $r=1$이다. (×)

(c) X가 설명변수, Y가 반응변수인 절편 있는 단순선형회귀모형에서 얻은 결정계수는 r^2과 같다. (○)

02. 다음과 같은 자료에 대해

X	0	1	2	3	4	5
Y	3	4	7	8	11	13

(a) X와 Y의 상관계수 r을 구하라.

해답 $Var(X)=3.5,\quad Var(Y)=15.0668,\quad Cov(X,Y)=7.2$

$$r=\frac{Cov(x,y)}{\sqrt{Var(x)\cdot Var(y)}}=\frac{7.2}{1.8708\times 3.8816}=0.9915$$

(b) 6개의 점을 X, Y 좌표에 그려라.

해답

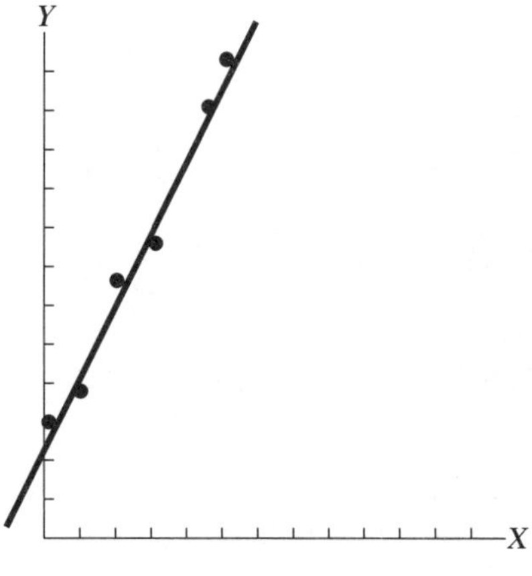

(c) 최소제곱법을 이용한 회귀선을 구하고, 이 회귀선을 (b)의 좌표에 그려라.

해답 회귀식

$\hat{Y} = 2.5238 + 2.05714X$

(6.174) (15.235) ( ) 안의 값은 t값

(d) 결정계수 R^2을 구하라.

해답 $R^2 = (0.991)^2 = 0.98306$

03. 다음과 같은 자료에 대해

X	2	3	5	7	9	10	15
Y	4	6	8	9	13	14	18

(a) X와 Y의 상관계수 r을 구하라.

해답 $r = 0.989$

(b) 7개의 점을 X, Y 좌표에 그려라.

해답

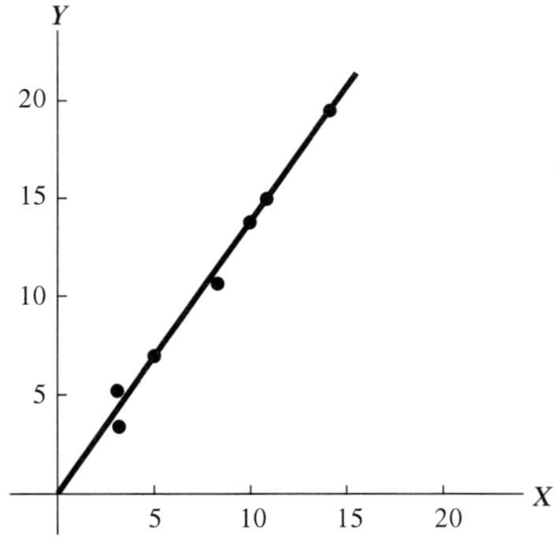

(c) 최소제곱법을 이용한 회귀선을 구하고, 이 회귀선을 (b)의 좌표에 그려라.

해답 회귀식

$\hat{Y} = 2.4 + 1.0823X$

(3.954) (14.964) ( ) 안의 값은 t값

(d) 결정계수 R^2을 구하라.

해답 $R^2 = 0.97816$

04. 기온(℃)에 따른 미세먼지 농도(㎍/m³) 변화를 측정하기 위해 8개 지역에서 측정한 값이 다음과 같다.

기온(X)	1	1.5	2	2.5	3	3.5	4	4.5
농도(Y)	25	31	27	28	36	35	32	34

(a) 측정된 기온(X)과 미세먼지 농도(Y)에 대한 회귀선 $\hat{Y} = \hat{\beta}_0 + \hat{\beta}_1 X$를 구하라.

해답 회귀식

$\hat{Y} = 24.45238 + 2.38095X$

(8.993)　　(2.609)　　　　　(　) 안의 값은 t값

(b) 결정계수 R^2을 구하라.

해답 $R^2 = 0.53146$

(c) 회귀선의 회귀계수 β_1이 0인가에 대한 검정을 실시하라.

해답 $H_0 : \beta_1 = 0,\quad H_1 : \beta_1 \neq 0$

검정통계량 $T = 2.609$이고 $T \sim t_{(6)}$이다.

자유도 6인 t분포에서 $P_r(|T| > 2.447) = 0.05$이며, $|T| = 2.609 > 2.447$이므로 H_0을 기각한다. 즉, β_1이 0이라 볼 수 없다($T = 2.609$의 P값이 0.0402이며 0.05보다 작으므로 H_0을 기각한다).

(d) Y의 분산 σ^2의 추정치 $\hat{\sigma}^2$을 구하라.

해답 $\hat{\sigma}^2 = \frac{1}{n-2}\sum_{i=1}^{n}(Y_i - \hat{Y}_i)^2 = \frac{1}{6} \times 52.47619 = 8.74603$이다.

(e) 위에서 구한 회귀선을 이용할 때 기온이 3.75℃인 지역의 미세먼지 농도는 얼마나 될 것으로 기대할 수 있나?

해답 $X = 3.75$일 때 $\hat{Y}$값이므로 $\hat{Y} = 24.45238 + 2.38095 \times 3.75 = 33.38$이다.

05. 어느 한 대학교 1학년생 12명의 IQ와 평균평점 GPA가 다음 표와 같이 조사되었다. IQ가 GPA를 설명하는 요인이라고 할 때, 다음 질문에 답하라.

IQ(X)	116	129	123	105	131	134	126	101	138	125	132	129
GPA(Y)	2.1	3.0	2.4	1.9	3.5	3.3	2.8	1.9	3.8	3.1	3.0	3.3

(a) IQ(X)와 GPA(Y)에 대한 회귀선 $\hat{Y} = \hat{\beta}_0 + \hat{\beta}_1 X$를 최소제곱법으로 구하라.

해답 회귀식

$$\hat{Y} = -3.547237 + 0.051489X$$
$$(-4.216) \qquad (7.622) \qquad\qquad (\quad)\text{ 안의 값은 } t\text{값}$$

(b) 결정계수 R^2을 구하라.

해답 $R^2 = 0.85315$

(c) Y의 분산 σ^2의 추정치 $\hat{\sigma}^2$을 구하라.

해답 $\hat{\sigma}^2 = 0.06475$

(d) 회귀계수 β_1이 0인가에 대한 검정을 실시하라.

해답 $H_0 : \beta_1 = 0, \quad H_1 : \beta_1 \neq 0$

검정통계량 $T = 7.622$이고 $T \sim t_{(10)}$이다. 자유도 10인 t분포에서 $P_r(\,|T| > 2.228) = 0.05$이며, $|T| = 7.622 > 2.447$이므로 H_0을 기각한다($T = 7.622$의 P값은 0.000이다).

(e) 위에서 구한 회귀선을 이용할 때 IQ가 130인 학생에게 기대되는 GPA의 기댓값은 얼마인가?

해답 $X = 130$일 때 $\hat{Y}$값이므로 $\hat{Y} = -3.547237 + 0.051489 \times 130 = 3.083$이다.

06. 한 내과의사가 미세먼지 흡입과 폐의 손상 정도 사이의 관계를 분석하기 위해 장기간 외부에서 미세먼지 흡입을 한 10명에 대해 한 기간(단위 : 일)과 폐의 손상 정도를 측정한 자료가 다음과 같다.

환자	기간(X)	폐의 손상 정도(Y)
1	10	25
2	15	31
3	13	26
4	33	50
5	25	41
6	8	20
7	28	35
8	24	38
9	35	55
10	20	33

(a) 기간(X)과 폐의 손상 정도(Y)에 대한 회귀선 $\hat{Y} = \hat{\beta}_0 + \hat{\beta}_1 X$를 최소제곱법으로 구하라.

해답 회귀식

$\hat{Y} = 11.92235 + 1.112685X$

(4.218) (9.025) ( ) 안의 값은 t값

(b) 결정계수 R^2을 구하라.

해답 $R^2 = 0.91056$

(c) Y의 분산 σ^2의 추정치 $\hat{\sigma}^2$을 구하라.

해답 $\hat{\sigma}^2 = 12.23494$

(d) 회귀계수 β_1이 0인가에 대한 검정을 실시하라.

해답 $H_0 : \beta_1 = 0, \quad H_1 : \beta_1 \neq 0$

검정통계량 $T = 9.025$이고 P값은 0.000이다. 따라서 H_0을 기각한다.

(e) 위에서 구한 회귀선을 이용할 때 미세먼지 흡입 기간이 25일인 사람에게 기대되는 폐의 손상 정도의 기댓값은 얼마인가?

해답 $X = 25$일 때 $\hat{Y}$값이므로 $\hat{Y} = 11.92235 + 1.112685 \times 25 = 39.747$이다.

07. 음주운전자의 혈중 알코올 농도의 정확한 값은 운전자의 혈액을 채취해 측정해야 알 수 있다. 교통경찰관이 사용하는 디지털 측정기의 신뢰성을 측정하기 위해 15명의 음주운전자에 대해 혈액채취 방법(Y)과 디지털 측정기(X)에 의해 측정된 혈중 알코올 농도가 다음 표와 같다.

음주운전자	디지털 측정기(X)	혈액채취 측정(Y)
1	0.150	0.154
2	0.100	0.085
3	0.90	0.079
4	0.140	0.144
5	0.080	0.078
6	0.110	0.078
7	0.120	0.097
8	0.100	0.088
9	0.090	0.082
10	0.090	0.072
11	0.090	0.080
12	0.095	0.090
13	0.040	0.050
14	0.060	0.053
15	0.080	0.072

(a) 디지털 측정기(X)와 혈액채취 측정(Y) 결과에 대한 회귀선 $\hat{Y} = \hat{\beta}_0 + \hat{\beta}_1 X$를 최소제곱법으로 구하라.

해답 회귀식

$\hat{Y} = 0.8587 + 0.006196X$

(9.149) (0.166) ( ) 안의 값은 t값

(b) 결정계수 R^2을 구하라.

해답 $R^2 = 0.00212$

(c) Y의 분산 σ^2의 추정치 $\hat{\sigma}^2$을 구하라.

해답 $\hat{\sigma}^2 = 0.00085$

(d) 회귀계수 β_1이 0인가에 대한 검정을 실시하라.

해답 $H_0 : \beta_1 = 0$, $H_1 : \beta_1 \neq 0$

검정통계량 $T = 0.166$이고 P값은 0.8706이다. P값 $= 0.8706 > 0.05$이므로 H_0을 채택한다. 즉, $\beta_1 = 0$을 받아들일 수 있다.

(e) 위에서 구한 회귀선에 의할 때 디지털 측정기에 의한 측정결과가 0.09인 사람의 혈액을 채취해 혈중 알코올 농도를 측정할 때 기대되는 값은 얼마인가?

해답 $X = 0.09$일 때 $\hat{Y}$값이므로 $\hat{Y} = 0.08587 + 0.006196 \times 0.09 = 0.08643064$이다.

(f) 위에서 구한 회귀선을 이용해 디지털 측정기에 의한 측정결과가 0.12인 사람의 실제 알코올 농도(혈액채취에 의한 측정결과)의 95% 신뢰구간을 구하라.

해답 $X = 0.12$일 때 Y의 95% 신뢰구간 $\hat{Y} = 0.08587 + 0.006196 \times 0.12 = 0.0867$, $\hat{\sigma}^2 = 0.00085$, $\hat{\sigma} = 0.02915$, 자유도 $= 15 - 2 = 13$이며,

자유도 13인 t분포에서 $P_r(|T| > 2.16) = 0.05$이다.

따라서 Y의 95% 신뢰구간은

$$\hat{Y}_P \pm t_{(13,\ 0.05)} \cdot \hat{\sigma} \sqrt{1 + \frac{1}{n} + \frac{(x_P - \bar{x})^2}{\sum_{i=1}^{n}(x_i - \bar{x})^2}}$$

$$= 0.0867 \pm 2.16 \times 0.02915 \times \sqrt{1 + \frac{1}{15} + \frac{(0.12 - 0.15)^2}{0.611534}}$$

$$= 0.0867 \pm 0.06507 = (0.02163,\ 0.15177)$$이다.

08. TV 시청시간이 어린이의 폭력적인 행동에 미치는 영향을 알아보기 위해 14명 어린이의 TV 시청시간과 폭력지수를 조사한 결과가 다음 표와 같다.

X(TV 시청시간/일)	0	6	2	4	4	1	1	2	5	5	4	0	2	6
Y(폭력지수)	0	3	2	3	4	1	0	3	3	2	3	1	3	4

(a) X와 Y의 산포도를 그리고, 회귀직선을 적합시켜라.

해답 $\hat{Y} = 0.84 + 0.48X$

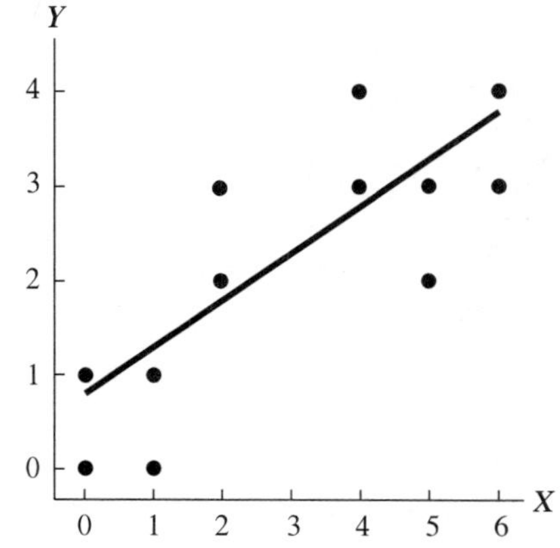

(b) 하루 TV 시청시간이 3시간인 어린이의 폭력지수의 기댓값을 추정하라.

해답 2.28

(c) R^2을 구하라.

해답 $R^2 = 0.591$

(d) 분산분석표와 F 검정을 이용해 회귀모형의 유의성 검정을 실시하라.

해답 $F = 17.37$, 자유도 = 1, 12, 기각

09. 자동차의 속도(km/hr)와 연비(km/liter) 사이의 관계를 분석하기 위해 12대의 동일 모형 자동차를 대상으로 정속 주행 시 연비를 조사한 결과가 다음과 같다.

X(속도)	20	30	40	50	60	70	80	90	100	110	120	130
Y(연비)	13	17	20	23	26	29	31	32	31	28	24	20

2차다항회귀모형이 자료에 적합하다고 할 때 다음에 답하라.

(a) 2차다항회귀선을 구하라.

해답 2차다항회귀식

$$\hat{Y} = -2.276 + 0.768X - 0.004525X^2$$

(−1.1190) (12.591) (−11.353) ( ) 안의 값은 t값

(b) (X, Y) 산포도를 그리고, 회귀선을 적합시켜라.

해답

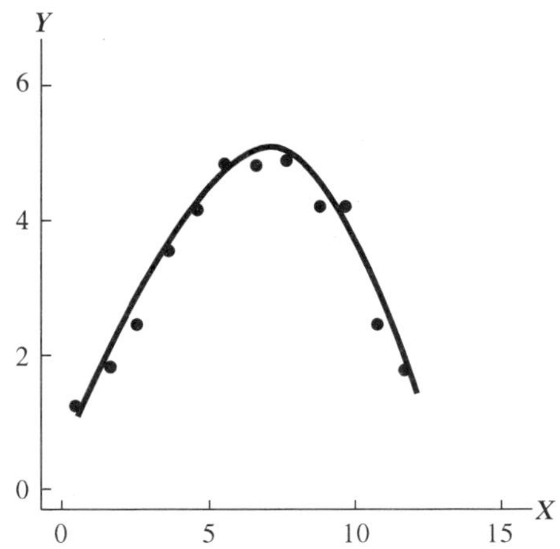

(c) R^2을 구하라.

해답 $R^2 = 0.9531$

(d) 속도가 85km/hr일 때 연비의 기댓값을 추정하라.

해답 $X = 85$일 때 $\hat{Y}$값

$\hat{Y} = -2.276 + 0.768 \times 85 - 0.004525 \times 85^2 = 30.311$(km/liter)

(e) 2차항이 모형에 유의한가를 검정하라.

해답 2차항의 계수 β_2에 대한 검정

$H_0 : \beta_2 = 0,\ H_1 : \beta_2 \neq 0$에서 검정통계량 $T = -11.353$이고 P값 $= 0.0001$이므로 H_0을 기각한다. 즉, 2차항이 모형에 유의하다.

10. 한 기업에서 월별 미세먼지 농도(단위 : ㎍/m³)를 조사한 결과가 다음과 같다.

X(월)	1	2	3	4	5	6	7	8	9	10	11	12
Y(미세먼지 농도)	1.5	2.13	2.76	3.87	4.34	5.12	5.56	5.61	4.91	4.50	2.50	2.00

2차다항회귀모형이 자료에 적합하다고 할 때 다음에 답하라.

(a) 2차다항회귀선을 구하라.

해답 2차 다항회귀식

$\hat{Y} = -0.7173 + 1.7172X - 0.1239X^2$

$(-1.450)\quad(9.818)\quad(-9.460)$ ( ) 안의 값은 t값

(b) (X, Y) 산포도를 그리고, 회귀선을 적합시켜라.

해답

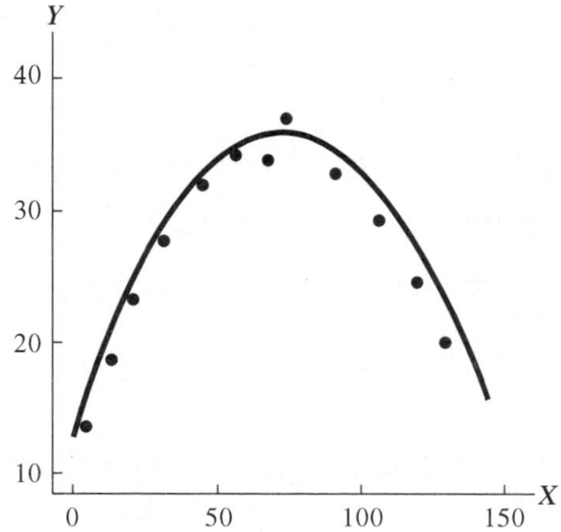

(c) R^2을 구하라.

해답 $R^2 = 0.9147$

(d) 6월에 예상되는 미세먼지 농도는 몇(단위 : ㎍/m³)인가?

해답 $X = 6$일 때 $\hat{Y}$값이므로

$\hat{Y} = -0.7173 + 1.7172 \times 6 - 0.1239 \times 6^2 = 5.126$㎍/m³이다.

(e) 2차항이 모형에 유의한가를 검정하라.

해답 $H_0 : \beta_2 = 0,\ H_1 : \beta_2 \neq 0$에 대한 검정에서 검정통계량 $T = -9.460$이고 P값 $= 0.0001$이다. P값 $= 0.0001$이 0.05보다 작으므로 H_0은 기각된다. 즉, 2차항이 모형에 유의하다.

11. 한 회사에서 직원 10명을 대상으로 성별에 따라 근속연수(년)와 월평균 급여액(10,000원) 사이의 관계를 조사한 결과가 다음과 같다(성별 : M = 남자, F = 여자).

근로자	1	2	3	4	5	6	7	8	9	10
X(근속연수)	1	3	3	5	6	7	9	12	13	15
Y(월평균 급여액)	60	50	67	65	73	98	80	120	140	150
D(성별)	M	F	M	F	F	M	F	M	M	M

(a) 성별을 가변수로 할 때 자료에 가장 적합한 회귀모형을 구하라.

해답 성별(D)에서 남자($D = 1$), 여자($D = 0$)라 하고 $XD = X \times D$라 할 때 회귀식

$\hat{Y} = 47.975 + 3.12XD + 3.507X,\ R^2 = 0.9788$
(12.397) (5.564) (4.688) ( ) 안의 값은 t값

(b) (a)의 결과를 이용해 성별에 따른 근속연수와 월평균 급여액 사이의 관계를 설명하라.

해답 (a)에 주어진 회귀식에 의할 때 두 집단(성별)의 근속연수에 따른 월평균 급여액의 회귀선에서 Y절편은 같으나 두 회귀선의 기울기가 다르다. 즉, 남성($D = 1$)이 여성($D = 0$)에 비해 근속연수에 따른 임금상승률이 더 높다($\because$ XD의 계수가 3.21로 양수이기 때문).

12. 초미세먼지 농도 등급과 미세먼지 농도(단위 : ㎍/m³) 사이의 관계가 지역에 따라

다른가를 보기 위해 두 지역(A, B)에서 각각 6구역을 선발해 초미세먼지 농도 등급과 미세먼지 농도를 조사한 결과가 다음과 같다. 초미세먼지 등급은 1(좋음)~10(최악)으로 나누어진다.

지역구	1	2	3	4	5	6	7	8	9	10	11	12
X(등급)	1	2	4	5	7	10	1	3	4	5	7	9
Y(미세먼지 농도)	280	275	260	255	250	240	270	265	258	250	245	240
D(지역)	A	A	A	A	A	A	B	B	B	B	B	B

(a) 지역을 가변수로 할 때 자료에 가장 적합한 회귀모형을 구하라.

해답 회귀식

$$\hat{Y} = 280.63 - 5.33D - 4.268X, \quad R^2 = 0.95286$$

(138.106) (−2.914) (−13.169) ( ) 안의 값은 t값

(b) (a)의 결과를 이용해 지역에 따른 초미세먼지 농도 등급과 미세먼지 농도(단위 : ㎍/m³) 사이의 관계를 설명하라.

해답 (a)의 회귀식에 의할 때 두 지역의 초미세먼지 농도 등급에 따른 미세먼지 농도의 회귀식에서 기울기는 동일하나 두 지역의 Y절편값은 서로 다르다. A지역($D=0$)이 B지역($D=1$)보다 Y절편값이 5.33만큼 높다.

13. 엑셀을 이용한 회귀분석의 결과가 다음과 같다고 할 때 빈칸을 완성하라.

회귀분석 통계량

다중상관계수	결정계수	조정된 결정계수	표준오차	관측수
( )	0.90859025	0.88247317	12.8272194	10

분산분석

분산의 원천	자유도	제곱합	평균 제곱	F비	유의한 F
회귀	2	11,448.2	( )	( )	0.000231
잔차	( )	( )	( )		
계	( )	12,600			

구분	계수	표준오차	t 통계량	p값
Y절편	10.4547777	17.4302	0.59981	0.567533
X_1	1.10066428	0.26016	( )	0.003884
X_2	12.7950945	4.00204	( )	0.015126

해답

회귀분석 통계량

다중상관계수	결정계수	조정된 결정계수	표준오차	관측수
(0.9532)	0.90859025	0.88247317	12.8272194	10

분산분석

분산의 원천	자유도	제곱합	평균 제곱	F비	유의한 F
회귀	2	1,1448.2	(5,724.12)	(34.8)	0.000231
잔차	(7)	(1,151.8)	(164.543)		
계	(9)	12,600			

구분	계수	표준오차	t통계량	p값
Y절편	10.4547777	17.4302	0.59981	0.567533
X_1	1.10066428	0.26016	(4.23077)	0.003884
X_2	12.7950945	4.00204	(3.19712)	0.015126

14. 한 지역에서 미세먼지 농도를 측정하였다. 미세먼지 농도가 동일하다고 생각되는 10개의 근접한 지역을 선정하여 미세먼지 농도(단위 : $\mu g/m^3$)를 측정하였다. 그 결과 관측값은 다음과 같았다. [Excel 이용]

지역	온도(x)	농도(y)
1	15.0	18
2	15.5	12
3	16.0	20
4	16.5	8
5	17.0	10
6	17.5	8
7	18.0	7
8	18.5	6
9	19.0	5
10	19.5	4

힌트

회귀분석 통계량

다중상관계수	결정계수	조정된 결정계수	표준오차	관측수
0.850871876	0.72382949	0.689480817	3.004289862	10

분산분석

분산의 원천	자유도	제곱합	평균 제곱	F비	유의한 F
회귀	1	189.3939394	189.3939394	20.98372	0.001800124
잔차	8	72.20606061	9.025757576		
계	9	261.6			

구분	계수	표준오차	t통계량	p값
Y절편	62.07272727	11.45074853	5.420844508	0.00063
온도(X)	−3.03030303	0.661522856	−4.58079869	0.0018

잔차 출력

관측수	예측치 미세먼지 농도(y)	잔차	표준잔차
1	16.61818182	1.381818182	0.487848902
2	15.1030303	−3.103030303	−1.095520341
3	13.58787879	6.412121212	2.26379008
4	12.07272727	−4.072727273	−1.437870448
5	10.55757576	−0.557575758	−0.196851311
6	9.042424242	−1.042424242	−0.368026365
7	7.527272727	−0.527272727	−0.18615287
8	6.012121212	−0.012121212	−0.004279376
9	4.496969697	0.503030303	0.177594118
10	2.981818182	1.018181818	0.359467612

(a) 추정회귀방정식을 구하라.

해답 $\hat{Y} = 62.0727 - 3.0303X$

(5.4208) (−4.58) ( ) 안의 값은 t값

(b) 지역 1의 자료에 대한 잔차를 구하라.

해답 위에 잔차 출력의 잔차값을 보면 된다.

(c) 추정회귀식을 근거로 온도와 미세먼지 농도 사이의 관계를 설명하라.

해답 (a)의 추정회귀식을 근거로 보면 온도가 오를수록 미세먼지 농도가 줄어든다고 할 수 있다.

(d) 분산분석표를 구하라.

해답 위의 분산분석표를 통하여 구할 수 있다.

(e) 상관계수와 결정계수를 구하라.

해답 상관계수는 0.85087이고, 결정계수는 0.7239이다.

(f) 미세먼지에 대한 전체 변동 중 이 회귀모형에 의해서 설명되는 변동의 크기를 말하라.

해답 이는 SS_R/SS_T로, 결정계수와 같은 값인 0.7239이다.

제10장 분산분석

01. 두 가지 약물(A, B)의 효과를 비교하기 위해 생쥐실험을 하고자 한다. 실험용 생쥐 20마리가 있다고 할 때 이를 약물 A, B에 배분하는 방법을 설명하라.

해답 실험용 쥐 20마리를 랜덤하게 10마리씩 두 집단으로 나눈 후 한 집단에는 A, 그리고 다른 집단에는 B를 투약한다.

02. 세 가지 교육방법(A, B, C)의 효과를 비교하기 위해 중학교 1학년 학생들을 대상으로 실험을 하고자 한다. 중학교 1학년 학생 30명을 대상으로 실험을 하고자 할 때 각 교육방법에 이 30명의 학생들을 배정하는 방법을 설명하라.

해답 학생 30명을 랜덤하게 10명씩 세 집단으로 나눈 후 각 집단에 A, B, C 세 방법을 랜덤하게 배정한다.

03. [연습문제 1]의 실험에서

(a) 실험단위(experimental unit)는 무엇인가?

해답 실험단위는 각각의 쥐 20마리

(b) 처리(treatment)는 무엇인가?

해답 처리는 두 가지 약물 A, B를 투약하는 것

(c) 실험계획 방법은 무엇인가?

해답 완전확률화 계획법

04. [연습문제 2]의 실험에서

(a) 실험단위(experimental unit)는 무엇인가?

해답 실험단위는 개개의 학생들 30명

(b) 처리(treatment)는 무엇인가?

해답 처리는 세 가지 교육방법 A, B, C를 실시하는 것

(c) 실험계획 방법은 무엇인가?

해답 완전확률화 계획법

05. 암 환자를 치료하는 두 가지 서로 다른 치료방법(A, B)을 비교하고자 한다. 암에 대한 치료효과는 환자의 상태(암이 심하게 퍼진 경우/암의 초기 단계)에 따라 다르다고 한다. 한 병원에 암의 상태가 심한 환자 20명과 암의 초기 단계인 환자 40명이 있다고 할 때,

(a) 이러한 경우에 적절한 실험계획법은 무엇인가?

해답 환자의 상태에 따라 블럭을 나누는 확률화블럭계획법이다.

(b) 실험단위(experimental unit)는 무엇인가?

해답 실험단위는 실험에 참여한 암환자 개개인이다.

(c) 처리(treatment)는 무엇인가?

해답 처리는 두 가지 치료방법 A, B를 이용해 치료하는 행위

(d) 블럭(block)은 무엇인가?

해답 환자의 상태(암이 심하게 퍼진 경우/암의 초기 단계)

(e) 환자를 각 처리집단에 배정하는 방법을 설명하라.

해답 암의 상태가 심한 환자 20명을 랜덤하게 10명씩 두 집단으로 나눈 후 각 집단에 A와 B를 실시하고, 암 초기 환자 40명을 랜덤하게 20명씩 두 집단으로 나눈 후 각 집단에 A와 B를 실시함.

06. 네 가지 미세먼지 저감 조치(A, B, C, D)의 효과를 비교하기 위해 대기질 실험을 하고자 한다. 특정 지역에 있는 대기질은 미세먼지 농도에 따라 세 등급(좋음, 보통, 나쁨)으로 구분될 수 있으며, 각 등급의 대기는 균등하게 네 구역으로 나뉘어 질 수 있다고 할 때,

(a) 네 가지 조치의 효과를 비교 · 분석하기 위한 실험을 계획하라.

해답 각 미세먼지 농도의 등급별로 구역을 네 구간으로 나눈 후 각 등급별 네 구간에 임의로 A, B, C, D 네 가지 조치를 시행한 후 미세먼지 농도를 비교한다.

(b) 실험단위(experimental unit)는 무엇인가?

해답 실험단위는 각 등급별 구간의 대기질이다.

(c) 처리(treatment)는 무엇인가?

해답 네 가지 미세먼지 저감 조치 A, B, C, D를 시행하는 것이 처리이다.

(d) 블럭(block)은 무엇인가?

해답 블럭은 미세먼지 농도 등급 세 가지

(e) 이러한 실험에 적절한 실험계획법은 무엇인가?

해답 확률화블럭계획법

07. 완전확률화 계획법의 실험에 의해 구한 분산분석표(ANOVA)의 일부가 다음과 같이 주어져 있다.

변인	*d.f.*	*SS*	*MS*	*F*
처리	4	24.7	☐	☐
오차	☐	☐	☐	
전체	34	62.4		

(a) 위의 ANOVA표를 완성하라.

해답

변인	*d.f.*	*SS*	*MS*	*F*
처리	4	24.7	6.175	4.912
오차	30	37.7	1.257	
전체	34	62.4		

(b) 위의 실험에서 처리의 수는 몇 개인가?

해답 처리의 자유도가 4이므로 처리의 수는 5이다.

(c) 위의 자료에 의할 때 처리집단의 모평균들이 모두 같다는 가설을 받아들일 수 있는가에 대해 유의수준 5%하에서 검정을 실시하라.

해답 $H_0 : \mu_1 = \mu_2 = \mu_3 = \mu_4 = \mu_5$, $H_1 : H_0$가 사실이 아니다.
검정통계량 $F = 4.912$이며, $F \sim F_{(4, 30)}$이다. 자유도 (4, 30)인 F분포에서
$P_r(F > 2.69) = 0.05$이며, $F = 4.912 > 2.69$이므로 H_0을 기각한다.
즉, 처리집단의 평균들이 모두 같다는 주장을 받아들일 수 없다.

(d) $\overline{X}_1 = 3.7$, $\overline{X}_2 = 4.1$이라 하며 각 처리집단의 관측값 수가 모두 7이라 할 때 $\mu_1 - \mu_2$에 대한 95% 신뢰구간을 구하라.

해답 $\overline{X}_1 = 3.7$, $\overline{X}_2 = 4.1$이고, (a)의 ANOVA표에서 $S^2 = 1.257$이고 S^2의 자유도가 30이므로 정규분포를 이용한다.

95% 신뢰구간 : $(\overline{X}_1 - \overline{X}_2) \pm Z_{0.025} \cdot S\sqrt{\frac{1}{n_1} + \frac{1}{n_2}}$

$= (3.7 - 4.1) \pm 1.96 \times 1.121\sqrt{\frac{1}{7} + \frac{1}{7}}$

$= -0.4 \pm 1.174 = (-1.574, 0.774)$이다.

(e) 위의 (d)에 의할 때 μ_1과 μ_2가 서로 다르다고 할 수 있는가?

해답 $\mu_1 - \mu_2$에 대한 95% 신뢰구간이 (−1.574, 0.774)로 0을 포함하고 있으므로 μ_1과 μ_2가 서로 다르다고 할 수 없다.

(f) 위의 (d)를 참고해 μ_1에 대한 95% 신뢰구간을 구하라.

해답 $\overline{X}_1 = 3.7$, $S^2 = 1.257$, 자유도 = 30이므로 μ_1에 대한 95% 신뢰구간은
$\overline{X}_1 \pm Z_{0.025} \cdot \frac{S}{\sqrt{n_1}} = 3.7 \pm 1.96 \times \frac{1.121}{\sqrt{7}} = 3.7 \pm 0.83 = (2.87, 4.53)$이다.

08. 동일한 분산을 갖는 세 개의 정규모집단으로부터 각각 표본을 추출해 조사한 결과가 다음과 같다.

표본 1	표본 2	표본 3
3.1	5.4	1.1
4.3	3.6	0.2
1.2	4.0	3.0
	2.9	

(a) ANOVA표를 작성하라.

해답

변인	*d.f.*	*SS*	*MS*	*F*	*P*값
처리	2	11.0752	5.5376	3.1513	0.1057
오차	7	12.3008	1.7573		
전체	9	23.3760			

(b) 세 모집단의 평균이 동일한가($H_0 : \mu_1 = \mu_2 = \mu_3$)에 대해 유의수준 5%하에서 검정을 실시하라.

해답 (a)의 ANOVA표에 P값이 주어져 있는데, P값 $= 0.1057 > 0.05$이므로 H_0을 채택한다. 즉, 세 모집단의 평균이 모두 동일하다고 할 수 있다.

(c) μ_2에 대한 95% 신뢰구간을 구하라.

해답 $\overline{X}_2 = 3.9750$, $S^2 = 1.7573$이고 $d.f. = 7$이므로 자유도가 7인 t분포에서
$P_r(|t| \geq 2.365) = 0.05$이다.
$\therefore \mu_2$의 95% 신뢰구간은 $3.9750 \pm 2.365 \times \dfrac{1.3256}{\sqrt{4}}$, $(\sqrt{1.7573} = 1.3256)$
$= (3.9750 \pm 1.5675) = (2.4075, 5.5425)$이다.

(d) $\mu_2 - \mu_3$에 대한 90% 신뢰구간을 구하라.

해답 $\overline{X}_2 = 3.9750$, $\overline{X}_3 = 1.433$, $S = \sqrt{S^2} = \sqrt{1.7573} = 1.3256$
$n_2 = 4$, $n_3 = 3$이며, $d.f. = 7$이므로 자유도가 7인 t분포에서
$P_r(|t| \geq 1.895) = 0.10$이다.
$\therefore \mu_2 - \mu_3$의 90% 신뢰구간은 $3.9750 - 1.433 \pm 1.895 \times 1.3256\sqrt{\dfrac{1}{4} + \dfrac{1}{3}}$
$= 2.542 \pm 1.9186 = (0.6234, 4.4606)$이다.

(e) 위의 (d)에 의할 때 μ_2와 μ_3이 서로 다르다고 할 수 있는가?

해답 (d)의 신뢰구간이 0을 포함하고 있지 않으므로 μ_2와 μ_3은 동일하다고 볼 수 없다.

09. 돼지 사육에 이용되는 세 가지 사료(A, B, C)의 효과를 비교하기 위해 비슷한 시기에 태어난 30마리의 새끼돼지를 각각 랜덤하게 세 집단으로 나눈 후 세 가지 사료를 이용해 100일 동안 양육한 결과 각 돼지의 무게(단위 : kg)가 다음과 같이 관측되었다.

A사료	B사료	C사료
30.1	34.5	28.3
31.6	30.3	27.1
25.4	31.7	28.3
33.3	29.0	30.2
29.0	30.5	31.5
30.9	32.6	29.4
28.5	33.1	30.4
29.3	31.9	24.6
31.2	23.2	32.3
32.7	26.7	28.7

(a) ANOVA표를 작성하라.

해답

변인	*d.f.*	*SS*	*MS*	*F*	*P*값
처리	2	23.5527	11.7763	2.3253	0.1170
오차	27	136.7410	5.0645		
전체	29	160.2937			

(b) 세 가지 사료의 효과가 동일한가에 대해 유의수준 5%하에서 검정을 실시하라.

해답 (a)의 ANOVA표에 주어진 P값 = 0.1170이 0.05보다 크므로 5%로 유의수준하에서 $H_0 : \mu_1 = \mu_2 = \mu_3$을 채택한다. 즉, 세 가지 사료의 효과가 동일하다고 볼 수 있다.

(c) μ_1에 대한 95% 신뢰구간을 구하라.

해답 $\overline{X}_1 = 30.2,\ S = \sqrt{5.0645} = 2.2504,\ n_1 = 10,\ d.f. = 27$이며, 자유도 27인 t분포에서 $P_r(\,|\,T\,|\, \geq 2.052) = 0.05$이다.

$\therefore\ \mu_1$의 95% 신뢰구간은

$$30.2 \pm 2.052 \times \frac{2.2504}{\sqrt{10}} = (30.2 \pm 1.46) = (28.74, 31.66)$$이다.

(d) $\mu_2 - \mu_1$에 대한 95% 신뢰구간을 구하라.

해답 $\overline{X}_1 = 30.2,\ \overline{X}_2 = 31.25,\ n_1 = n_2 = 10,\ S = 2.2504,\ d.f. = 27$이므로

$\mu_2 - \mu_1$의 95% 신뢰구간은

$$\left(31.25 - 30.2 \pm 2.052 \times 2.2504\sqrt{\frac{1}{10} + \frac{1}{10}}\right) = (1.05 \pm 2.065) = (-1.015, 3.115)$$이다.

10. 한 심리학자가 실험용 쥐를 이용한 미로실험에서 두 가지의 서로 다른 훈련방법을 개발해 효과를 비교 · 분석하고자 한다. 실험용 쥐 18마리를 랜덤하게 각 6마리씩 세 집단으로 나눈 후 첫 번째 집단에는 아무 훈련도 가하지 않고(control group), 두 번째 집단에는 훈련방법 1을, 그리고 세 번째 집단에는 훈련방법 2를 이용해 훈련을 실시한 후 동일한 미로를 통과하는 데 걸린 시간을 측정한 결과가 다음과 같다.

통제집단(control group)	훈련 1	훈련 2
73	53	58
70	74	32
68	72	59
71	62	64
60	58	55
62	61	49

(a) ANOVA표를 작성하라.

해답

변인	$d.f.$	SS	MS	F	P값
처리	2	673.0	336.5	4.5493	0.0286
오차	15	1,109.5	73.9667		
전체	17	1,782.5			

(b) 세 가지 서로 다른 방법에 의한 훈련에서 쥐의 미로 통과시간 평균이 동일하다고 볼 수 있는가에 대해 유의수준 5%하에서 검정을 실시하라.

해답 (a)의 ANOVA표에서 P값 = 0.0286이 0.05보다 작으므로 $H_0: \mu_1 = \mu_2 = \mu_3$을 기각한다. 즉, 세 집단의 평균이 모두 같다고 볼 수 없다.

(c) 통제집단(control group)의 평균 μ_1에 대한 95% 신뢰구간을 구하라.

해답 $\overline{X}_1 = 67.333$, $n_1 = 6$, $S = \sqrt{73.9667} = 8.600$이고 $d.f. = 15$이며, 자유도 15인 t분포에서 $P_r(|T| \geq 2.131) = 0.05$이다.

$\therefore \mu_1$의 95% 신뢰구간은

$$\left(67.333 \pm 2.131 \times \frac{8.600}{\sqrt{6}}\right) = (67.333 \pm 7.482) = (59.851, 74.815)\text{이다.}$$

11. 두 가지 서로 다른 생산공정에 의해 생산된 플라스틱의 탄력도를 조사한 결과가 다음 표와 같다.

공정 A	6.1	7.1	7.8	6.9	7.6	8.2
공정 B	9.1	8.2	8.6	6.9	7.5	7.9

(a) 두 공정에 의한 플라스틱의 평균 탄력도가 동일한가에 대해 t검정을 실시하라.

해답 $\overline{X}_1 = 7.2833$, $\overline{X}_2 = 8.0333$, $n_1 = n_2 = 6$이고, $S_1^2 = 0.558$, $S_2^2 = 0.6146$이므로 $S_p^2 = \frac{1}{2}(0.558 + 0.6146) = 0.5863$이다.

$H_0: \mu_1 = \mu_2$, $H_1: \mu_1 \neq \mu_2$에 대한 검정에서 검정통계량

$$T = \frac{\overline{X}_1 - \overline{X}_2}{S_P\sqrt{\frac{1}{n_1} + \frac{1}{n_2}}} = \frac{7.2833 - 8.0333}{0.7657\sqrt{\frac{1}{6} + \frac{1}{6}}} = -1.70\text{이다.}$$

$T \sim t_{(10)}$이므로 자유도 10인 t분포에서 $P_r(|T| \geq 2.228) = 0.05$이며, $|T| = 1.70 < 2.228$이므로 H_0을 채택한다. 즉, 두 공정 사이에 차이가 없다.

(b) 위의 자료에 대한 ANOVA표를 작성하고, 두 공정에 의한 플라스틱의 평균 탄력도의 동일성에 대한 F검정을 실시하라.

해답

변인	$d.f.$	SS	MS	F	P값
처리	1	1.6875	1.6875	2.8789	0.1206
오차	10	5.8617	0.5862		
전체	11	7.5492			

위의 ANOVA표에서 P값 = 0.1206이 0.05보다 크므로 $H_0 : \mu_1 = \mu_2$를 채택한다.

(c) 위의 (a)에서 구한 t값과 (b)에서 구한 F값의 관계를 설명하라.

해답 $T = -1.70$이므로, $T^2 = 2.89 \approx F$이다. 즉, (a)에서 구한 T값을 제곱하면 (b)에서 구한 F값이 된다.

12. 세 도시(서울, 부산, 광주)에서 판매되는 배추 가격이 서로 동일한가를 비교하기 위해 각 지역에서 네 개의 야채소매상을 임의로 추출해 배추 판매가격(단위 : 10원)을 조사한 결과가 다음과 같다.

서울	부산	광주
59	58	54
63	61	59
65	64	55
61	63	58

(a) 위의 자료에 대한 ANOVA표를 작성하라.

해답

변인	*d.f.*	*SS*	*MS*	*F*
처리	2	74	37	5.7
오차	9	58	6.4	
전체	11	132		

(b) 세 지역의 평균 배추값이 동일한가($H_0 : \mu_1 = \mu_2 = \mu_3$)에 대해 유의수준 5%하에서 검정을 실시하라.

해답 $H_0 : \mu_1 = \mu_2 = \mu_3$, $H_1 : H_0$가 사실이 아니다. (a)의 ANOVA표에서 $F = 5.7$이다. $F \sim F_{(2,\ 9)}$이며, 자유도 (2, 9)인 F분포에서 $P_r(F > 4.26) = 0.05$이다. $F = 5.7 > 4.26$이므로 H_0을 기각한다. 따라서 세 지역의 평균 배추값이 동일하다고 주장할 수 없다.

13. 확률화 블럭계획법의 실험에 의해 구한 분산분석표(ANOVA)의 일부가 다음과 같이 주어져 있다.

변인	*d.f.*	*SS*	*MS*	*F*
처리	3	27.1	☐	☐
블럭	5	☐	14.9	☐
오차	☐	33.4	☐	
전체	☐	☐		

(a) ANOVA표를 완성하라.

해답

변인	*d.f.*	*SS*	*MS*	*F*
처리	3	27.1	9.033	4.056
블럭	5	74.5	14.9	6.6906
오차	15	33.4	2.227	
전체	23	135.0		

(b) 각 처리집단의 평균들이 동일한가(H_0 : $\mu_1 = \mu_2 = \mu_3 = \mu_4$)에 대해 유의수준 5%하에서 검정을 실시하라.

해답 처리집단 평균의 동일성 검정 $H_0 : \mu_1 = \mu_2 = \mu_3 = \mu_4$에 대한 검정통계량은 (a)의 ANOVA표에서 $F = 4.056$이다. $F \sim F_{(3,\ 15)}$이며, 자유도 (3, 15)인 F분포에서 $P_r(F > 3.29) = 0.05$이다. $F = 4.056 > 3.29$이므로 H_0을 기각한다. 따라서 각 처리집단의 평균이 모두 동일하다고 주장할 수 없다.

(c) 각 블럭의 효과가 동일하다고 볼 수 있는가를 설명하라.

해답 블럭효과에 대한 검정에서 블럭의 수가 6이므로 $H_0 : \beta_1 = \beta_2 = \beta_3 = \beta_4 = \beta_5 = \beta_6$이다. (a)의 ANOVA표에서 검정통계량은 $F = 6.6906$이며, $F \sim F_{(5,\ 15)}$이다. 자유도 (5, 15)인 F분포에서 $P_r(F > 2.90) = 0.05$이며, $F = 6.6906 > 2{,}090$이므로 H_0을 기각한다. 즉, 블럭효과가 모두 동일하다고 주장할 수 없다.

(d) 처리집단 A와 B에서 $\overline{X}_A = 9.7$, $\overline{X}_B = 12.1$이라 할 때 $\mu_B - \mu_A$에 대한 95% 신뢰구간을 구하라.

해답 $\overline{X}_A = 9.7$, $\overline{X}_B = 12.1$, $S^2 = 2.227\,(S = 1.4923)$이고, S^2의 자유도는 15이다. 각 처리집단에서 관측도수는 블럭의 수와 같으므로 $n_A = n_B = 6$이다. 자유도 15인 t분포에서 $P_r(\,|\,T\,|\, > 2.131) = 0.05$이므로 $\mu_B - \mu_A$의 95% 신뢰구간은 $\left(12.1 - 9.7 \pm 2.131 \times 1.4923 \times \sqrt{\frac{1}{6} + \frac{1}{6}}\right) = (2.4 \pm 1.38) = (1.02, 3.78)$이다.

(e) 위의 (d)를 참고해 μ_A에 대한 90% 신뢰구간을 구하라.

해답 $\overline{X}_A = 9.7$, $n_A = 6$, $S = 1.4923$이고, 자유도가 15이므로 $P_r(\,|\,T\,|\, > 1.753) = 0.10$이다.

$\therefore\ \mu_A$에 대한 90% 신뢰구간은

$\left(9.7 \pm 1.753 \times 1.4923\sqrt{\frac{1}{6}}\right) = (9.7 \pm 1.068) = (8.632, 10.768)$이다.

14. 세 개의 처리 A, B, C와 네 개의 블럭으로부터 구한 자료가 다음과 같다.

처리 \ 블럭	1	2	3	4
A	3	6	1	2
B	5	7	4	6
C	2	3	2	2

(a) ANOVA표를 작성하라.

해답

변인	*d.f.*	*SS*	*MS*	*F*	*P*값
처리	2	23.167	11.583	12.636	0.007
블럭	3	14.250	4.750	5.182	0.042
오차	6	5.50	0.917		
전체	11	42.917	3.902		

(b) 각 처리집단의 평균이 동일한가($H_0 : \mu_A = \mu_B = \mu_C$)에 대해 유의수준 5%하에서 검정을 실시하라.

해답 처리효과의 동일성 $H_0 : \mu_A = \mu_B = \mu_C$에 대한 검정은 (a)의 ANOVA표에서 검정통계량 $F = 12.636$이며, $F \sim F_{(2,\,6)}$이다. 자유도 (2, 6)인 F분포에서 $P(F > 5.15) = 0.05$이며, $F = 12.636 > 5.15$이므로 H_0을 기각한다. 즉, 처리집단의 평균들이 모두 동일하다고 볼 수 없다.

(c) 처리집단 A와 처리집단 B의 평균의 차 $\mu_A - \mu_B$에 대한 95% 신뢰구간을 구하라.

해답 $\overline{X}_A = 3, \overline{X}_B = 5.5, n_A = n_B = 4$이고, $S^2 = 0.917\,(S = 0.9576)$이고 자유도는 6이다. 자유도 6인 t분포에서 $P_r(|T| > 2.447) = 0.05$이므로 $\mu_A - \mu_B$의 95% 신뢰구간은 $\left(3 - 5.5 \pm 2.447 \times 0.9576 \times \sqrt{\frac{1}{4} + \frac{1}{4}}\right) = (-2.5 \pm 1.657)$ $= (-4.157, -0.843)$이다.

(d) 각 블럭의 효과가 동일한가에 대해 검정을 실시하라.

해답 블럭효과의 동일성에 대한 검정 $H_0 : \beta_1 = \beta_2 = \beta_3 = \beta_4$에 대한 검정은 (a)의 ANOVA표에서 검정통계량 $F = 5.182$이며, $F \sim F_{(3,\,6)}$이다. 자유도 (3, 6)인 F분포에서 $P(F > 4.76) = 0.05$이며, $F = 5.182 > 4.76$이므로 5% 유의수준하에서 H_0을 기각한다. 즉, 네 블럭의 효과가 모두 동일하다고 볼 수 없다.

15. 섬유에 방수처리를 하는 네 가지 화학약품 A, B, C, D의 효과를 비교하기 위해 세 가지 서로 다른 섬유로부터 각각 크기가 동일한 네 개의 조각을 잘라 각 조각에 네 화학약품의 처리를 랜덤한 순서로 가한 후 물을 붓고 5분 후에 측정한 습도가 다음과 같이 조사되었다.

섬유 종류

1	2	3
C 9.9	D 13.4	B 12.7
A 10.1	B 12.9	D 12.9
B 11.4	A 12.2	C 11.4
D 12.1	C 12.3	A 11.9

(a) ANOVA표를 작성하라.

해답

변인	$d.f.$	SS	MS	F	P값
처리	3	5.200	1.733	19.439	0.002
블럭	2	7.172	3.586	40.215	0.000
오차	6	0.535	0.089		
전체	11	12.907	1.173		

(b) 각 화학약품의 효과가 동일한가에 대해 유의수준 5%하에서 검정을 실시하라.

해답 (a)의 ANOVA표에 의할 때 네 가지 화학약품 A, B, C, D의 효과의 동일성에 대한 검정 $H_0 : \mu_A = \mu_B = \mu_C = \mu_D$에서 검정통계량 $F = 19.439$이며, $F \sim F_{(3,\ 6)}$이다. 자유도 (3, 6)인 F분포에서 $P(F > 4.76) = 0.05$이며, $F = 19.439 > 4.76$이므로 H_0을 기각한다. 즉, 네 가지 화학약품의 효과가 동일하다고 볼 수 없다.

(c) 섬유의 종류에 따라 방수효과가 다르다고 할 수 있는가에 대해 검정을 실시하라.

해답 (a)의 ANOVA표에 의할 때 세 가지 섬유 종류에 대한 방수효과의 동일성 검정 $H_0 : \beta_1 = \beta_2 = \beta_3$에서 검정통계량 $F = 40.215$이며, $F \sim F_{(2,\ 6)}$이다. 자유도 (2, 6)인 F분포에서 $P(F > 5.14) = 0.05$이며, $F = 40.215 > 5.14$이므로 H_0을 기각한다. 즉, 세 가지 섬유 종류의 방수효과가 모두 동일하다고 볼 수 없다.

16. 콩을 재배하는 데 사용되는 세 가지 비료의 효과를 비교하는 실험을 하고자 한다. 콩의 산출량에는 비료의 영향력뿐만 아니라 땅의 비옥도도 영향을 미치기 때문에 한 지역의 땅을 비옥도에 따라 세 등급(비옥함, 보통, 메마름)으로 나눈 후 각 지역을 균등하게 세 부분으로 나누고, 각 부분에 세 가지 비료 A, B, C를 랜덤하게 투여해 콩의 산출량(단위 : kg)을 조사한 결과가 다음과 같다.

땅의 비옥도

비옥함	보통	메마름
A 63	B 62	C 47
B 60	C 44	A 49
C 49	A 57	B 51

(a) ANOVA표를 작성하라.

해답

변인	*d.f.*	*SS*	*MS*	*F*	*P*값
처리	2	230.222	115.111	5.915	0.064
블럭	2	105.556	52.778	2.924	0.165
오차	4	20.444	20.111		
전체	8	416.222	52.028		

(b) 비료의 효과가 동일하다고 볼 수 있는가에 대해 유의수준 5%하에서 검정을 실시하라.

해답 (a)의 ANOVA표에 의할 때 비료 효과의 동일성에 대한 검정에서 검정통계량 $F = 5.915$이며, $F \sim F_{(2,\ 4)}$이다. 자유도 (2, 4)인 F분포에서 $P(F > 6.94) = 0.05$이며, $F = 5.915 > 6.94$이므로 H_0을 채택한다. 즉, 세 가지 비료의 효과는 차이가 없다고 볼 수 있다.

(c) 땅의 등급에 따라 콩의 생산량에 차이가 있다고 볼 수 있는가에 대해 검정을 실시하라.

해답 (a)의 ANOVA표에서 땅의 등급에 따른 콩생산량의 동일성 검정에 대한 검정통계량 $F = 2.924$이며, $F \sim F_{(2,\ 4)}$이다. 자유도 (2, 4)인 F분포에서 $P(F > 6.94) = 0.05$이며, $F = 2.924 < 6.94$이므로 H_0을 채택한다. 즉, 콩생산량은 땅의 등급에 따라 서로 다르다고 볼 수 없다.

17. 세 개의 연구소(A, B, C)는 구가 같은 동의 평균 초미세먼지 농도가 같은가를 알아보기 위해 각 연구소마다 5지역씩 무작위로 표본을 추출해 농도(단위 : ㎍/m³)를 실험했다. 그 결과가 다음 표와 같다.

	A	B	C
	73	85	85
	65	80	71
	67	84	73
	68	88	80
	72	78	71
평균	69	83	76

힌트 ANOVA표

변인	$d.f.$	SS	MS	F	P값	F 기각치
처리	2	490	245	11.05263	0.001897	3.885294
오차	12	266	22.16667			
전체	14	756				

(a) 처리방법 내 변동 SS_T와 처리방법 간 변동 SS_E를 구하라.

해답 SS_T : 490, SS_E : 266

(b) 일원분산분석표를 작성하라.

해답 위의 표 참고

(c) $\alpha = 0.05$ 수준에서 초미세먼지 농도가 같은가에 대해 검정을 실시하라.

해답 "$H_0 : \mu_A = \mu_B = \mu_C$ v.s H_1 : not H_0" 란 가설하에서 위의 분산분석표에서 $F = 11.05263$이며, $F \sim F_{(2,12)}$이다. 자유도 (2,12)인 F분포에서 $P_r(F > 3.885294) = 0.05$이며, $F = 11.05263 > 3.885294$이므로 귀무가설을 기각한다.

위의 Excel을 통하여 구해진 표는 p값만을 보아서 우리가 가정한 0.05란 유의수준보다 작으므로 귀무가설을 기각한다고 바로 볼 수 있다.

18. 한 백화점에서 상품의 진열방식에 따라 판매액에 차이가 있는가를 분석하였다. 이를 위해 백화점이 세 개 지역의 상품 진열방식을 네 가지로 하여 실험한 결과 각 백화점의 진열방식별 판매액은 다음과 같았다. 이 결과를 근거로 다음에 답하라.

진열방식	판매지역(블럭)		
	1	2	3
A	100	55	78
B	98	46	82
C	115	67	107
D	82	59	65

(a) 자료를 분석하기 위한 적절한 모형을 세우고 설명하라.

해답 블록에 따른 자료분석 방법을 세운다. 그에 따라서 처리를 검정한다.

$$\underset{\text{총제곱합}(tss)}{\sum_{i=1}^{b}\sum_{j=1}^{t}(X_{ij}-\overline{X}..)^2} = \underset{\text{블럭제곱합}(SS_B)}{t\sum_{i=1}^{b}(\overline{X}_{i\cdot}-\overline{X}..)^2} + \underset{\text{처리제곱합}(SS_T)}{b\sum_{j=1}^{t}(\overline{X}._j-\overline{X}..)^2} + \underset{\text{오차제곱합}(SS_E)}{\sum_{i=1}^{b}\sum_{j=1}^{t}(X_{ij}-\overline{X}_{i\cdot}-\overline{X}._j-\overline{X}..)^2}$$

$H_0 : \tau_1 = \tau_2 = \cdots = \tau_t$

$H_1 : H_0$이 사실이 아니다.

(b) 네 가지 진열방식에 대한 판매액 평균의 차이가 있는가? P-value를 사용하여 귀무가설을 기각할 것인지, 채택할 것인지 결정하라.

해답 ANOVA표

변인	*d.f.*	*SS*	*MS*	*F*	*P*값	*F* 기각치
처리	2	3601.5	1800.75	24.71483	0.001268	5.143253
처리	3	1264.333	421.4444	5.784217	0.03332	4.757063
오차	6	437.1667	72.86111			
계	5,303	11				

위 표에 따라서 처리에서 *P*값이 0.03332이므로 유의수준과 비교하여 작으면 귀무가설을 기각하고 크면 채택을 한다. 만약 유의수준이 0.05라고 한다면 *P*값이 0.03332이므로 귀무가설을 기각하게 된다.

19. 한 연구소에서는 4대의 기계를 사용해 미세먼지 농도를 예측하고 있다. 이 연구소에서 각 기계의 1일 평균 미세먼지 농도가 다른가를 검정하기 위해 5일간 각 기계의 예측치를 기록하였다. 이때 미세먼지 농도는 그 날의 온도, 습도 등에 많은 영향을 받으므로 날짜를 블록변수로 사용한다. Excel을 이용해 분석하라.

날짜(블록)	기계			
	1	2	3	4
1	27	29	31	32
2	23	33	32	31
3	25	30	35	33
4	28	33	36	34
5	26	33	34	32

(a) 분석목적을 말하라. 또 독립변수 그 수준을 말하라.

해답 각 4대의 기계에서 측정된 미세먼지 농도가 다른지를 확인하기 위한 것이다. 독립변수인 기계는 4 수준을 가진다.

(b) 이러한 실험설계 이름을 말하라. 또 이 실험에서 상호작용 조사가 가능한가?

해답 확률화블럭계획, 일반적으로 블록의 상호작용은 없다고 가정한다.

(c) $\alpha = 0.05$ 수준으로 기계의 평균예측치가 다른가 검정하라. 가설, 검정통계량값, 기각역 및 결론을 명확히 기술하라.

해답 ANOVA표

변인	*d.f.*	*SS*	*MS*	*F*	*P*값	*F* 기각치
처리(기계)	4	24.8	6.2	2.695652	0.08199	3.259167
처리(날짜)	3	180.15	60.05	26.1087	0.000015	3.490295
오차	12	27.6	2.3			
계	19	232.55				

"$H_0 : \mu_1 = \mu_2 = \mu_3 = \mu_4$ v.s $H_1 : not\ H_0$" 란 가설하에서 위의 분산분석표에서 $F = 2.696$이며, $F \sim F_{(4, 12)}$이다. 자유도 (4, 12)인 F분포에서 $P(F < 3.26) = 0.05$이며, $F = 2.696 < 3.26$이므로 귀무가설을 채택한다.

제11장 범주형 자료분석

01. 편의점에서 판매하는 담배 종류에는 A, B, C, D 네 가지의 브랜드가 있다고 한다. 이 네 가지 담배 브랜드에 대한 구매자들의 선호도에 차이가 있는가를 분석하기 위해 시민 200명에게 선호하는 담배 브랜드를 조사한 결과가 다음과 같다.

A	B	C	D
32	70	48	50

네 가지 담배 브랜드에 대한 선호도가 동일한가에 대해 유의수준 5%하에서 검정을 실시하라.

해답 $H_0 : P(A) = P(B) = P(C) = P(D) = \frac{1}{4}$

(즉, A, B, C, D 네 가지 담배 브랜드에 대한 선호도가 동일하다)

$H_1 : H_0$가 사실이 아니다.

H_0하에서 각 방법의 기대도수는 모두 $200 \times \frac{1}{4} = 50$이다.

검정통계량 $X^2 = \frac{1}{50}[(32-50)^2 + (70-50)^2 + (48-50)^2 + (50-50)^2]$ $= 14.56$이며, X^2은 자유도가 $4-1=3$인 χ^2분포를 따른다. 자유도가 3인 χ^2 분포에서 $P_r(\chi^2 > 7.81473) = 0.05$이며, $X^2 = 14.56 > 7.81473$이므로 H_0을기각할 수 없다. 즉, 네 가지 담배 브랜드에 대한 선호도가 동일하지 않다고 볼 수 있다.

02. 집을 출발해 학교를 가는 데에는 모두 다섯 가지의 서로 다른 방법이 있다고 한다. 집을 출발해 학교에 도착한 학생 120명에 대해 온 방법을 조사한 결과가 다음과 같다.

방법	1	2	3	4	5
사람 수	29	28	24	19	20

집에서 학교까지 가는 서로 다른 다섯 가지 방법에 대한 선호도가 동일한가에 대해 유의수준 5%하에서 검정을 실시하라.

해답 $H_0 : P(1) = P(2) = P(3) = P(4) = P(5) = \frac{1}{5}$

(다섯 가지 방법에 대한 선호도가 동일하다)

$H_1 : H_0$가 사실이 아니다.

H_0하에서 각 방법의 기대도수는 모두 $120 \times \frac{1}{5} = 24$이다.

[연습문제 1]과 같은 방법으로 검정통계량 $X^2 = 3.417$이며, X^2은 자유도가 $5-1=4$인 χ^2분포를 따른다. 자유도가 4인 χ^2분포에서 $P_r(\chi^2 > 9.48773) = 0.05$이며, $X^2 = 3.417 < 9.48773$이므로 H_0을 채택한다. 즉, 다섯 가지 방법에 대한 선호도가 동일하다고 볼 수 있다.

03. 미세먼지의 농도와 결핵과의 관계를 분석하기 위해 미세먼지 농도가 서로 다른 네 개 도시에서 랜덤하게 각각 400명의 성인을 표본으로 추출해 결핵이 있는 사람 수를 조사한 결과가 다음과 같다.

도시	A	B	C	D
결핵감염자	34	42	21	18

네 도시의 결핵감염률이 동일하다고 볼 수 있는가에 대해 유의수준 5%하에서 검정을 실시하라.

해답 H_0 : 네 도시의 결핵감염률이 동일하다.

H_1 : 네 도시의 결핵감염률이 동일하지 않다.

H_0하에서 각 칸의 기대도수는 $\frac{1}{4}(34+42+21+18) = \frac{1}{4} \times 115 = 28.75$이다.

[연습문제 1]과 같은 방법으로 검정통계량을 구하면 $X^2 = 203.06$이고,

X^2는 자유도가 $4-1=3$인 χ^2분포를 따른다. 자유도 3인 χ^2분포에서 $P_r(\chi^2 > 7.81473) = 0.05$이고, $X^2 = 203.06 > 7.81473$이므로 H_0을 기각한다. 즉, 네 지역의 결핵감염률이 동일하다고 볼 수 없다.

04. 다섯 가지 콩에 각각 네 가지의 영양제를 랜덤하게 배치하고 일정 기간 정량의 물을 주고 사육을 한 다음 수확량을 측정하였다.

콩 \ 영양제	A	B	C	D
A	43	76	85	21
B	53	60	86	32
C	23	56	65	51
D	33	45	78	36
E	55	80	72	34

영양제의 종류별 수확량에 차이가 있는지 유의수준 5%로 검정하라.

해답

H_0 : 영양제의 종류별 수확량에 차이가 없다.

H_1 : 영양제의 종류별 수확량에 차이가 있다.

H_0하에서 각 콩 종류별의 기대도수는 다음과 같다.

$$A : \frac{1}{4}(43+76+85+21) = 56.25$$

$$B : \frac{1}{4}(53+60+86+32) = 57.75$$

$$C : \frac{1}{4}(23+56+65+51) = 48.75$$

$$D : \frac{1}{4}(33+45+78+36) = 48$$

$$E : \frac{1}{4}(55+80+72+34) = 60.25$$

검정통계량을 구하면

$$X_A^2 = \frac{1}{56.25}[(43-56.25)^2 + (76-56.25)^2 + (85-56.25)^2 + (21-56.25)^2] = 46.82$$

$$X_B^2 = \frac{1}{57.75}[(53-57.75)^2 + (60-57.75)^2 + (86-57.75)^2 + (32-57.75)^2] = 25.77$$

$$X_C^2 = \frac{1}{48.75}[(23-48.75)^2 + (56-48.75)^2 + (65-48.75)^2 + (51-48.75)^2] = 20.2$$

$$X_D^2 = \frac{1}{48}[(33-48)^2 + (45-48)^2 + (78-48)^2 + (36-48)^2]$$
$$= 26.625$$
$$X_E^2 = \frac{1}{60.25}[(55-60.25)^2 + (80-60.25)^2 + (72-60.25)^2$$
$$+ (34-60.25)^2] = 21.94$$

그리고 영양제별 검정통계량 X_A^2, X_B^2, X_C^2, X_D^2, X_E^2은 자유도가 $4-1=3$인 χ^2분포를 따른다. 자유도가 3인 χ^2분포에서 $P_r(\chi^2 > 7.81473) = 0.05$이며, 모든 검정통계량이 7.81473보다 크므로 H_0을 기각한다. 즉, 영양제의 종류별 콩 수확량에 차이가 있다고 할 수 있다.

05. 비만이 유전인가를 분석하기 위해 비만한 어린이와 보통의 어린이 각 50명씩을 추출해 부모의 비만 여부를 조사한 결과가 다음과 같다.

부모 \ 어린이	비만	정상	합계
비만	34	29	63
정상	16	21	37
합계	50	50	100

부모와 자녀의 비만이 서로 관계가 있다고 볼 수 있는가를 검정하라.

해답 H_0 : 부모와 자녀의 비만 여부는 서로 상관이 없다.

H_1 : 부모와 자녀의 비만 여부는 서로 상관이 있다.

H_0하에서 각 칸의 기대도수는 다음과 같다.

부모 \ 어린이	비만	정상
비만	31.5	31.5
정상	18.5	18.5

검정통계량 $X^2 = 1.0725$이며, 자유도가 1인 χ^2분포에서 $P_r(\chi^2 > 3.84146) = 0.05$이며, $1.0725 < 3.84146$이므로 H_0을 채택한다. 즉, 부모와 자녀의 비만 여부는 서로 상관이 없다고 볼 수 있다.

06. 세 개의 고속버스회사에 대한 선호도를 연령별로 조사한 결과가 다음과 같다. 점수가 높을수록 높은 선호도를 의미한다. 세 고속버스회사에 대한 연령별 선호점수 평균에 차이가 있는지 유의수준 5%로 검정하라.

연령 \ 회사	A회사	B회사	C회사
20세 미만	4	16	10
20세~35세	11	40	21
36세~50세	9	47	9
51세 이상	6	17	10

해답 H_0 : 연령별의 세 고속버스 회사에 대한 선호점수에 차이가 없다.

H_1 : 연령별의 세 고속버스 회사에 대한 선호점수에 차이가 있다.

H_0하에서 각 칸의 기대도수는 다음과 같다.

연령 \ 회사	A회사	B회사	C회사
20세 미만	4.5	18	7.5
20세~35세	10.8	43.2	18
36세~50세	9.8	39.0	16.3
51세 이상	5.0	19.8	8.3

검정통계량 $X^2 = 7.77508$이며, 자유도가 6인 χ^2분포에서

$P_r(\chi^2 > 12.5916) = 0.05$이며, $7.77508 < 12.5916$이므로 귀무가설 H_0을 채택한다. 즉, 연령별의 세 고속버스 회사에 대한 선호점수에 차이가 없다.

07. 한 제약회사에서 100명의 실험대상자들에게 네 가지의 서로 다른 진통제를 투약하고 통증 완화 시간을 측정하였다. 100명의 실험대상자들은 네 집단으로 무작위로 분할되었다.

진통제	A	B	C	D
I	55	38	7	10
II	79	71	25	5
III	22	75	38	10
IV	15	23	10	32

네 가지의 다른 진통제에 의해 측정되는 통증 완화의 평균시간은 모두 같다는 가설을 유의수준 10%하에서 검정을 실시하라.

해답 H_0 : 네 가지의 다른 진통제에 의해 측정되는 통증 완화의 평균시간은 같다.

H_1 : 네 가지의 다른 진통제에 의해 측정되는 통증 완화의 평균시간은 같지 않다.

검정통계량 $X^2 = 180.89393$이며, 자유도가 9인 χ^2분포에서 $P_r(\chi^2 > 21.6660) = 0.1$이며, $180.89393 > 21.6660$이므로 귀무가설 H_0을 기각한다. 즉, 진통제의 종류와 통증 완화 시간은 서로 관련이 있다고 볼 수 있다.

08. 지역에 따라 지지성향이 다른가를 알아보기 위해 유권자 중 80명을 대상으로 A후보와 B후보 중 어느 후보를 지지하는지 조사한 결과가 다음과 같다.

지지후보 \ 지역	서울/경기	경북	충북	전북
A후보	14	9	8	6
B후보	10	9	11	13

지역과 지지성향이 관계가 있는가에 대해 유의수준 5%하에서 검정을 실시하라.

해답 이 검정에서 가설은

H_0 : 지역과 지지성향은 서로 독립이다(즉, 아무 연관성이 없다).

H_1 : 지역과 지지성향은 서로 독립이 아니다(즉, 지역에 따라 지지성향에 차이가 있다).

와 같으며, 귀무가설 H_0하에서 (i, j)항의 기대도수는 다음과 같이 구한다.

$$e_{11} = \frac{24 \times 37}{80} = 11.1,\ e_{12} = \frac{18 \times 37}{80} = 8.325,$$

$$e_{13} = \frac{19 \times 37}{80} = 8.7875,\ e_{14} = \frac{19 \times 37}{80} = 8.7875$$

$$e_{21} = \frac{24 \times 43}{80} = 12.9,\ e_{22} = \frac{18 \times 43}{80} = 9.675,$$

$$e_{23} = \frac{19 \times 43}{80} = 10.2125,\ e_{24} = \frac{19 \times 43}{80} = 10.2125$$

기대도수(e_{ij})의 값과 표에 관측도수 n_{ij}의 값을 이용하여 표를 만들면 다음과 같다.

지지후보 \ 지역		서울/경기	경북	충북	전북	합계
A후보	n_{ij}	14	9	8	6	37
	e_{ij}	11.1	8.325	8.7875	8.7875	
B후보	n_{ij}	10	9	11	13	43
	e_{ij}	12.9	9.675	10.2125	10.2125	
합계		24	18	19	19	80

검정통계량 X^2은

$$X^2 = \sum_{i=1}^{2} \sum_{j=4}^{4} \frac{(n_{ij} - e_{ij})^2}{e_{ij}} \fallingdotseq 3.288$$

이며, 귀무가설하에서 X^2은 자유도가 $(r-1)(c-1) = (2-1) \times (4-1) = 3$인 χ^2-분포를 따른다. 〈부록 VI〉의 [표 5]에서 $\chi^2_{(0.05;\,3)} = 7.81473$이므로 유의수준 5%하에서 검정통계량의 값 $X^2 = 3.288 < \chi^2_{(0.05;\,3)} = 7.81473$이므로 귀무가설을 기각할 수 없다. 즉, 주어진 자료에 의할 때 지역과 지지성향은 서로 독립이다.

09. 대학생 125명을 대상으로 음식 선호도를 조사한 결과가 다음과 같다. 유의수준 5%에서 남녀 대학생 간의 음식 선호도에 차이가 있는지 검정을 실시하라.

성별 \ 음식	튀김	조림	합계
여자	14	18	32
남자	61	32	93
합계	75	50	125

해답 이 검정에서 가설은

H_0 : 성별 간의 음식 선호도에 차이가 없다.

H_1 : 성별 간의 음식 선호도에 차이가 있다.

와 같으며, 귀무가설 H_0하에서 (i, j)항의 기대도수는 다음과 같이 구한다.

$$e_{11} = \frac{75 \times 32}{125} = 19.2,\ e_{12} = \frac{50 \times 32}{125} = 12.8$$

$$e_{21} = \frac{75 \times 93}{125} = 55.8,\ e_{22} = \frac{50 \times 93}{125} = 37.2$$

기대도수(e_{ij})의 값과 표에 관측도수 n_{ij}의 값을 이용하여 표를 만들면 다음과 같다.

결과 \ 음식		튀김	조림	합계
여자	n_{ij}	14	18	32
	e_{ij}	19.2	12.8	
남자	n_{ij}	61	32	93
	e_{ij}	55.8	37.2	
합계		75	50	125

검정통계량 X^2는

$$X^2 = \sum_{i=1}^{2}\sum_{j=1}^{2}\frac{(n_{ij} - e_{ij})^2}{e_{ij}} = 4.7323$$

이며, 귀무가설하에서 X^2은 자유도가 $(r-1)(c-1) = (2-1) \times (2-1) = 1$인 χ^2분포를 따른다. 〈부록 VI〉의 [표 5]에서 $\chi^2_{(0.05\,;\,1)} = 3.84146$이므로 유의수준 5%하에서 검정통계량의 값 $X^2 = 4.7323 > \chi^2_{(0.05\,;\,1)} = 3.84146$이므로 귀무가설은 기각된다. 즉, 주어진 자료에 의할 때 남녀 대학생 간의 음식 선호도에 차이가 있다고 할 수 있다.

10. 어떤 커피 생산업체(A, B, C)에서는 연구소(1, 2, 3, 4)에 의뢰해 그들이 생산하는 같은 종류의 원두에 대해 원두 100그램에 포함된 카페인 함량을 조사했다. 실험 결과는 다음과 같다. 각 연구소에서 조사된 결과가 다르다고 할 수 있는지 유의수준 5%하에서 검정을 실시하라.

업체 \ 연구소	1	2	3	4
A	8	4	10	21
B	10	6	15	17
C	9	8	11	16
평균	9	6	12	18

해답 이 검정에서 가설은

H_0 : 각 연구소에서 조사된 카페인 함량 결과가 같다.

H_1 : 각 연구소에서 조사된 카페인 함량 결과가 다르다.

와 같으며, 귀무가설하에서 (i, j)항의 기대도수를 구하여 표를 만들면 다음과 같다.

업체 \ 연구소		1	2	3	4	합계
A	n_{ij}	8	4	10	21	43
	e_{ij}	8.6	5.7	5.1	17.2	
B	n_{ij}	10	6	15	17	48
	e_{ij}	9.6	6.4	12.8	19.2	
C	n_{ij}	9	8	11	16	44
	e_{ij}	8.8	5.9	11.7	17.6	
평균		27	18	36	54	135

검정통계량 X^2는

$$X^2 = \sum_{i=1}^{3}\sum_{j=1}^{3}\frac{(n_{ij}-e_{ij})^2}{e_{ij}} = 7.215$$

이며, 귀무가설하에서 X^2은 자유도가 $(r-1)(c-1)=(3-1)(3-1)=4$인 χ^2분포를 따른다. 〈부록 VI〉의 [표 5]에서 $\chi^2_{(0.05\,;\,4)} = 9.3484$이므로 귀무가설은 기각된다. 즉, 각 연구소에서 조사된 카페인 함량 결과가 다르다고 할 수 있다.

지은이에 대하여

이 용 구

고려대학교 경제학과 졸업

미국 미네소타대학교 통계학 박사

중앙대학교 총장

현, 중앙대학교 명예교수

[주요 저서]

『SPSS를 활용한 마케팅조사분석론』, 율곡출판사 ; 『통계학원론』, 율곡출판사

『회귀분석』(공저), 율곡출판사 ; 『범주형자료분석』(공저), 한국방송대학교 출판부

『마케팅조사 통계분석』(공저), SPSS 아카데미 ; 『다변량 통계분석』(공저), 중앙대학교 출판부

『다변량분석』(공저), 한국방송대학교 출판부 ; 『생활과 통계』(공저), 한국방송대학교 출판부

『SPSS/PC+II』(공저), 자유아카데미 ; 『SPSS/PC+I』(공저), 자유아카데미

『수리통계학개론』(공저), 경문사

김 삼 용

서울대학교 계산통계학과 졸업

서울대학교 대학원 계산통계학과 졸업

미국 조지아대학교 통계학 박사

현, 중앙대학교 통계학과 교수

[주요 저서]

『수리통계학개론』(공역), 피어슨에듀케이션 코리아

곽 일 엽

고려대학교 수학과 졸업

고려대학교 대학원 통계학과 졸업

미국 위스콘신주립대학교 통계학 박사

현, 중앙대학교 통계학과 교수

제10판 통계학의 이해 연습문제 해답집

초판 1쇄 발행 2024년 1월 8일
초판 2쇄 발행 2024년 7월 30일

지은이 이용구 · 김삼용 · 곽일엽
펴낸이 박기남
펴낸곳 **율곡출판사**
08590 서울시 금천구 가산디지털1로 84(에이스하이엔드 8차), 803호
전화 (代) 02) 718-9872/3
팩스 02) 718-9874
home-page www.yulgokbooks.co.kr
e-mail yulgokbook@naver.com
등록 1989.11.10. 제2014-000031호
ISBN 979-11-91812-58-9 93310

정가 7,000원